ステップ30

JavaScript

ワークブック

第3版

CUTT
カットシステム

もくじ

Step 01 JavaScriptの記述ルール ·········· 8

1.1 JavaScriptの概要
1.2 JavaScriptを記述する場所
1.3 JavaScriptの記述ルール

Step 02 イベントハンドラ ·········· 13

2.1 イベントハンドラとは？
2.2 クリック時にJavaScriptを実行
2.3 マウスの移動時にJavaScriptを実行
2.4 ページが読み込まれた直後にJavaScriptを実行
2.5 その他のイベントハンドラ

Step 03 コンソールの使い方 ·········· 17

3.1 コンソールとは？
3.2 コンソールの表示
3.3 コンソールに文字を表示
3.4 エラーメッセージの確認
3.5 コンソールにJavaScriptを記述して実行

Step 04 関数の基本 ·········· 22

4.1 関数とは？
4.2 関数の作成方法
4.3 関数名に指定できない文字
4.4 イベントハンドラから関数を呼び出す

Step 05 変数の利用 ·········· 26

5.1 変数の宣言
5.2 変数に数値を代入
5.3 変数に文字を代入
5.4 変数の表示

Step 06 **変数の演算** ··· 31

6.1 演算子の記述
6.2 プログラムならではの記述方法
6.3 インクリメントとデクリメント
6.4 文字の足し算
6.5 変数に文字を追加して表示

Step 07 **配列の利用** ··· 35

7.1 配列とは？
7.2 配列の宣言とデータの代入
7.3 配列の読み込み
7.4 配列の長さ

Step 08 **関数の引数** ··· 39

8.1 関数の引数とは？
8.2 引数の指定方法
8.3 引数を利用して関数を汎用化
8.4 複数の引数を指定する場合

Step 09 **要素の取得と内容の変更** ································· 44

9.1 要素の取得
9.2 要素内の文字の変更
9.3 要素内のHTMLを書き換える

Step 10 **複数の要素の取得** ··· 50

10.1 セレクタを使った要素の取得
10.2 取得する要素を絞り込む方法
10.3 要素内の文字の変更

Step ⑪ **要素の追加と削除** ··· 57

11.1　要素の追加
11.2　要素を追加するときの注意点
11.3　要素の削除

Step ⑫ **繰り返し処理－1** ··· 63

12.1　繰り返し処理とは？
12.2　for文の記述方法
12.3　比較演算子
12.4　繰り返し処理の例（1）
12.5　繰り返し処理の例（2）

Step ⑬ **繰り返し処理－2** ··· 70

13.1　2重ループの繰り返し処理
13.2　多重ループを使った表の作成

Step ⑭ **条件分岐－1** ··· 77

14.1　条件分岐とは？
14.2　if文の記述方法
14.3　if～elseで処理を2つに分岐
14.4　if～else文のサンプルプログラム

Step ⑮ **条件分岐－2** ··· 82

15.1　else ifで処理を3つ以上に分岐
15.2　else ifのサンプルプログラム
15.3　論理演算子
15.4　switch文で処理を分岐

Step 16 **break と continue** ··· **91**

16.1 breakの活用方法
16.2 continueの活用方法
16.3 while文を使った繰り返し処理

Step 17 **関数の戻り値** ··· **96**

17.1 戻り値とは？
17.2 戻り値を受け取るには？
17.3 戻り値を返すreturn
17.4 true／falseを返すreturn

Step 18 **文字入力とエラー処理** ··· **103**

18.1 プロンプトの使い方
18.2 プロンプトに数値を入力する場合
18.3 エラー対策用の処理

Step 19 **オブジェクト、メソッド、プロパティ** ··························· **110**

19.1 オブジェクトとは？
19.2 オブジェクトツリー
19.3 メソッドとは？
19.4 プロパティとは？

Step 20 **スタイルの変更** ·· **116**

20.1 CSSの変更方法
20.2 文字サイズを変更するJavaScript
20.3 画像の書式を変更するJavaScript

Step ㉑ **属性値の変更** ⋯⋯⋯⋯⋯⋯⋯⋯⋯⋯⋯⋯⋯⋯⋯⋯⋯⋯⋯⋯⋯⋯⋯ **123**

21.1 属性値の変更
21.2 属性値の取得

Step ㉒ **イベントリスナー** ⋯⋯⋯⋯⋯⋯⋯⋯⋯⋯⋯⋯⋯⋯⋯⋯⋯⋯⋯⋯⋯ **129**

22.1 イベントリスナーの使い方
22.2 無名関数を使った引数の受け渡し

Step ㉓ **フォームの操作－1** ⋯⋯⋯⋯⋯⋯⋯⋯⋯⋯⋯⋯⋯⋯⋯⋯⋯⋯⋯ **135**

23.1 テキストボックスに入力した文字
23.2 チェックボックスのON／OFF

Step ㉔ **フォームの操作－2** ⋯⋯⋯⋯⋯⋯⋯⋯⋯⋯⋯⋯⋯⋯⋯⋯⋯⋯⋯ **140**

24.1 ラジオボタンのON／OFF
24.2 セレクトボックスの処理

Step ㉕ **日付、時刻の操作** ⋯⋯⋯⋯⋯⋯⋯⋯⋯⋯⋯⋯⋯⋯⋯⋯⋯⋯⋯ **147**

25.1 Dateオブジェクトの作成
25.2 Dateオブジェクトから年月日、時分秒を取り出す
25.3 Dateオブジェクトに年月日、時分秒を指定する

Step ㉖ **Mathオブジェクト** ⋯⋯⋯⋯⋯⋯⋯⋯⋯⋯⋯⋯⋯⋯⋯⋯⋯⋯⋯ **153**

26.1 Mathオブジェクトとは？
26.2 Mathオブジェクトのプロパティ
26.3 Mathオブジェクトのメソッド
26.4 乱数を利用したJavaScript

Contents

Step ㉗ **文字の操作** ··· **158**

27.1　文字変数のプロパティ
27.2　文字変数のメソッド
27.3　文字変数のメソッドを使用したファイル名の指定

Step ㉘ **オブジェクト変数** ··· **163**

28.1　オブジェクト変数の使い方
28.2　オブジェクト配列の使い方

Step ㉙ **一定間隔で処理を繰り返す** ····························· **169**

29.1　setInterval() の使い方
29.2　setInterval() の中断
29.3　スライドショーの作成
29.4　setTimeout() の使い方
29.5　スライドショーのアニメーション効果

Step ㉚ **js ファイルの分離とエラー対策** ····················· **176**

30.1　JavaScript ファイルの作成
30.2　JavaScript ファイルの読み込み
30.3　変数のスコープについて
30.4　スペルミスを防ぐ対策法
30.5　コンソール画面を使ったデバッグ処理

演習問題の解答 ··· 181
索引（Index） ··· 223

◆サンプルファイルと演習で使う画像のダウンロード URL

本書で紹介したサンプルファイル、ならびに演習で使用する画像は以下の URL からダウンロードできます。

https://cutt.jp/books/978-4-87783-807-2/

Step 01 JavaScriptの記述ルール

JavaScriptは、Webページ上でさまざまな動作を実現できるプログラミング言語です。ステップ01では、JavaScriptの概要と記述ルールについて学習します。

1.1 JavaScriptの概要

Webページを作成するときは、テキストエディタなどで**HTML**を記述して、HTMLファイルを作成するのが一般的です。また、HTMLファイル内に**CSS**を記述し、各要素の書式を指定することも可能です。これらをまとめると、HTMLファイルは以下の2つの言語で構成されることになります。

- ・HTML ……………… 文章や画像など、Webページに掲載する内容を指定する
- ・CSS …………………… 色やサイズなど、各要素の書式を指定する

もちろん、これらの2つの言語だけでWebページを作成しても構いません。ただし、このようにして作成されたWebページは「動きのないWebページ」にしかなりません。一方、**JavaScript**を利用してWebページを作成すると、ユーザーの操作に応じて「動きのあるWebページ」を作成できるようになります。

たとえば、「ボタンをクリックすると画像を変更する」などの動作をJavaScriptで実現することが可能です。

図1-1　JavaScriptを利用した「動きのあるWebページ」

そのほか、「選択した項目の合計金額を算出する」など、実用的な仕組みをJavaScriptで実現することも可能です。

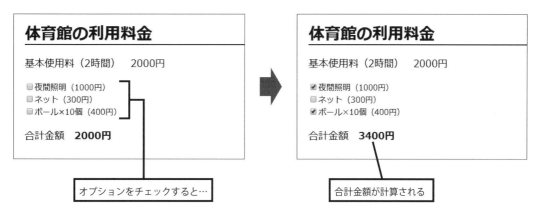

図1-2　JavaScriptを利用して「計算を行うWebページ」

このように、ユーザーの操作に応じてWebページにさまざまな処理をプログラミングできるのがJavaScriptです。

1.2　JavaScriptを記述する場所

続いては、JavaScriptの記述ルールについて解説していきます。JavaScriptを利用したWebページを作成するときに、HTMLファイル内にJavaScriptを記述することも可能です。たとえば、図1-2に示したWebページのHTMLファイルは以下のような構成になっています。

※現時点では、JavaScriptの記述内容を理解できなくても構いません。JavaScriptの書き方は、ステップ02以降で詳しく解説していきます。

▼ sample01-1.html

```
1   <!DOCTYPE html>
2
3   <html lang="ja">
4
5   <head>
6   <meta charset="UTF-8">
7   <title>体育館の利用料金</title>
8   <style>
9     body{
10      padding: 0px 15px;
11    }
```

CSS

```
12    h1{
13      border-bottom: solid 2px #000000;
14      line-height: 1.2;
15    }
16    p{
17      font-size: 20px;
18    }
19    #total{
20      font-weight: bold;
21    }
22  </style>
23  </head>
24
25  <body>
26  <h1>体育館の利用料金</h1>
27  <p>基本使用料（2時間）　2000円</p>
28  <form onchange="checkSum();">
29    <label><input type="checkbox" id="c1">夜間照明（1000円）</label><br>
30    <label><input type="checkbox" id="c2">ネット（300円）</label><br>
31    <label><input type="checkbox" id="c3">ボール×10個（400円）</label>
32  </form>
33  <p>合計金額　<span id="total">2000円</span></p>
34
35  <script>
36  function checkSum() {
37    let price = 2000;
38    if(document.getElementById('c1').checked == true){
39      price = price + 1000;
40    }
41    if(document.getElementById('c2').checked == true){
42      price = price + 300;
43    }
44    if(document.getElementById('c3').checked == true){
45      price = price + 400;
46    }
47    document.getElementById('total').textContent = price + '円';
48  }
49  </script>
50
51  </body>
52
53  </html>
```

CSS （12〜21行）

JavaScript （35〜49行）

このように、HTMLファイルには以下の3つの言語を含むことができます。

■ **HTMLファイルに必須となる言語**
　・HTML ‥‥‥‥‥‥‥‥‥‥ 文章や画像など、Webページに掲載する内容を指定する

■ **必要に応じてHTMLに追記する言語**
　・CSS ‥‥‥‥‥‥‥‥‥‥‥ 色やサイズなど、各要素の書式を指定する
　・JavaScript ‥‥‥‥‥‥ さまざまな処理をプログラミングする

1.3　JavaScriptの記述ルール

　続いては、JavaScriptの記述ルールについて解説していきます。JavaScriptを記述するときは、**大文字と小文字が区別される**ことに注意しなければなりません。以下にJavaScriptの主な記述ルールをまとめておきます。

■ `<script>` ～ `</script>` の中に記述する

　HTMLファイル内にJavaScriptを記述するときは、**`<script>` ～ `</script>`** の中にJavaScriptを記述しなければなりません。

■ 半角文字で記述する

　JavaScriptは**半角文字**で記述するのが基本です。命令文や関数、変数などを全角文字で記述すると、JavaScriptは正しく動作しません。

■ 大文字と小文字の区別

　JavaScriptでは、**大文字と小文字が別の文字として扱われます**。たとえば、「ABC」「abc」「Abc」は、いずれも別の文字として扱われます。HTMLやCSSのように、大文字／小文字を区別なく記述することはできません。

■ 命令文の最後にセミコロン

　JavaScriptでは、各文の最後に「**；**」（セミコロン）を記述し、文の区切りを明確に示す必要があります。なお、CSSの場合と同様に、改行は無視されます。

○正しい記述

```
let a = 1;
let b = 2;
let c = a + b;
```

×間違った記述

```
let a = 1
let b = 2
let c = a + b
```

← 文末にセミコロンがない

■半角スペース、タブ文字の扱い

　JavaScriptでは、**連続した半角スペース**や**タブ文字**は無視されます。このため、行頭にインデントを設けて、JavaScriptを見やすく記述しても構いません。

```
function tax() {
  let c = a + b;
  let taxIn = c * 1.10;
  alert('料金は' + taxIn + '円です');
}
```

■コメント文の記述

　JavaScriptを読みやすくするために**コメント**を記すことも可能です。スラッシュを2つ続けて「**//**」と入力すると、以降の文字がコメント文として無視されます。複数行にわたるコメント文を記述するときは、その範囲を「**/*～*/**」で囲んで記述します。

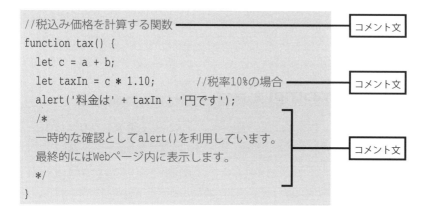

```
//税込み価格を計算する関数                    ── コメント文
function tax() {
  let c = a + b;
  let taxIn = c * 1.10;        //税率10%の場合  ── コメント文
  alert('料金は' + taxIn + '円です');
  /*
  一時的な確認としてalert()を利用しています。
  最終的にはWebページ内に表示します。          ── コメント文
  */
}
```

■JavaScriptを記述する場所

　JavaScriptは**\<head> ～ \</head>** または **\<body> ～ \</body>** の中に記述します。たいていの場合、**\</body>の直前**に記述するのが一般的です。なお、Webページを表示する前に処理を実行させたいときは、\<head> ～ \</head>の中にJavaScriptを記述しなければなりません。

演 習

（1）「sample01-1.html」（P9 ～ 10）に示したHTMLファイルを作成してみましょう。

（2）演習（1）で作成したHTMLファイルをWebブラウザに表示し、チェックボックスの操作に応じて合計金額が変化することを確認してみましょう。

イベントハンドラ

JavaScriptを正しく動作させるには、「どのタイミングでJavaScriptを実行するか？」を指定しておく必要があります。ステップ02では、イベントハンドラの使い方を学習します。

2.1　イベントハンドラとは？

イベントハンドラは、JavaScriptを実行するタイミングを指定するものです。「要素をクリックしたとき」、「マウスを移動したとき」など、ユーザーの操作にあわせてJavaScriptを実行したいときに使用します。

HTMLのタグの中に記述する場合は、**イベントハンドラ名="実行するJavaScript"**のように、属性としてイベントハンドラを記述します。

2.2　クリック時にJavaScriptを実行

具体的な例を示していきましょう。まずは、Webページ内にある**要素をクリックしたとき**にJavaScriptを実行する場合です。この場合は、**onclickイベント**を使用します。たとえば、画像をクリックしたときにJavaScriptを実行する場合は、img要素にonclickイベントを追加し、その値にJavaScriptを記述します。

```
<img src="pic01.jpg" onclick="alert('北海道の写真です。');">
```

上記の例では、「onclick」がイベントハンドラ名、「alert('北海道の写真です。');」がJavaScriptになります。**alert()**はメッセージウィンドウを表示する命令文で、メッセージとして表示する文字をカッコ内に「**'**」（シングルクォーテーション）で囲んで記述します。

図2-1　onclickイベント（sample02-A.html）

2.3 マウスの移動時にJavaScriptを実行

　要素の上にマウスを移動したときにJavaScriptを実行する場合は、**onmouseover イベント**を使用します。たとえば、以下のように記述すると、画像の上にマウスを移動したときにメッセージが表示されるようになります。

```
<img src="pic01.jpg" onmouseover="alert('北海道の写真です。');">
```

図2-2　onmouseover イベント（sample02-B.html）

　これとは逆に、**要素の外へマウスを移動したとき**にJavaScriptを実行するイベントハンドラもあります。この場合は、**onmouseout イベント**を使用します。

```
<img src="pic01.jpg" onmouseout="alert('北海道の写真です。');">
```

図2-3　onmouseout イベント（sample02-C.html）

2.4 ページが読み込まれた直後にJavaScriptを実行

　Webページが読み込まれたときにJavaScriptを実行する場合は、**onloadイベント**を使用します。onloadイベントはbody要素に記述するのが一般的です。この場合、ユーザーが操作を行わなくても自動的にJavaScriptが実行されます。

たとえば、以下の例のように記述すると、ページ全体が読み込まれたときに「ようこそ！」というメッセージが表示されます。

```
<body onload="alert('ようこそ！');">
```

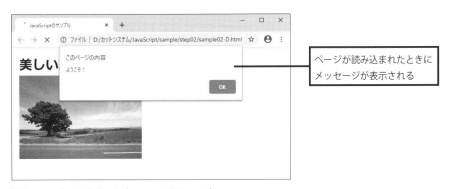

ページが読み込まれたときに
メッセージが表示される

図2-4　onloadイベント（sample02-D.html）

2.5　その他のイベントハンドラ

　これまでに解説してきたイベントハンドラのほかにも、さまざまなイベントハンドラが用意されています。以下に、代表的なイベントハンドラを紹介しておくので参考にしてください。

■マウス操作

onclick	要素をクリックしたとき
ondblclick	要素をダブルクリックしたとき
onmouseover	要素の上へマウスを移動したとき
onmouseout	要素の外へマウスを移動したとき
onmousemove	マウスを移動させたとき

■ページの読み込み／移動

onload	ページ全体が読み込まれたとき
onunload	別のページへ移動するとき
onerror	エラーが発生した時

■フォーム関連

onfocus	要素にフォーカスが移動したとき ※フォーカスは［Tab］キーやマウスのクリックで移動できます。
onchange	フォームの内容が変更されたとき
onreset	フォームがリセットされたとき
onsubmit	フォームのsubmitボタンをクリックしたとき

 ワンポイント

イベントリスナーの使用

　このステップで解説した手法は、「手軽にJavaScriptを記述できる」のが利点となります。ただし、「HTMLとJavaScriptが混在している」という欠点もあります。HTMLとJavaScriptを分けて記述するには、イベントリスナーの使い方を学ばなければなりません。これについては、ステップ22で詳しく解説します。

演　習

（1）以下のようにHTMLファイルを作成し、画像をクリックするとメッセージが表示されることを確認してみましょう。

```
 1   <!DOCTYPE html>
 2
 3   <html lang="ja">
 4
 5   <head>
 6   <meta charset="UTF-8">
 7   <title>イベントハンドラの練習</title>
 8   </head>
 9
10   <body>
11   <img src="tahiti01.jpg" onclick="alert('タヒチの写真です。');">
12   </body>
13
14   </html>
```

　※ この演習で使用する画像は、以下のURLからダウンロードできます。
　http://cutt.jp/books/978-4-87783-807-2/

（2）onclickイベントをonmouseoverイベントに変更してみましょう。

（3）onmouseoverイベントをonmouseoutイベントに変更してみましょう。

（4）ページが読み込まれた直後にメッセージが表示されるように、イベントハンドラを書き換えてみましょう。

Step 03

コンソールの使い方

Webブラウザには、JavaScriptの動作を確認したり、エラーメッセージを表示したりできるコンソール（console）が用意されています。ステップ03では、コンソールの使い方を解説します。

3.1 コンソールとは？

Google ChromeなどのWebブラウザには、HTMLやCSSの記述を確認したり、Webページの動作を検証したりできる**デベロッパー ツール**（開発ツール）という機能が用意されています。ここには、JavaScriptの動作を検証する**コンソール**も含まれています。

コンソールは、「JavaScriptが意図したとおりに動作しているか？」を検証したり、「どこでエラーが発生しているのか？」を確認したりするときに役立ちます。ぜひ、使い方を覚えておいてください。

図3-1　Google Chromeのコンソール

3.2 コンソールの表示

WebブラウザにGoogle Chromeを使用している場合は、[**F12**]**キー**を押すと、デベロッパーツールを表示できます。続いて、「**Console**」のタブを選択すると、コンソール画面を表示できます。

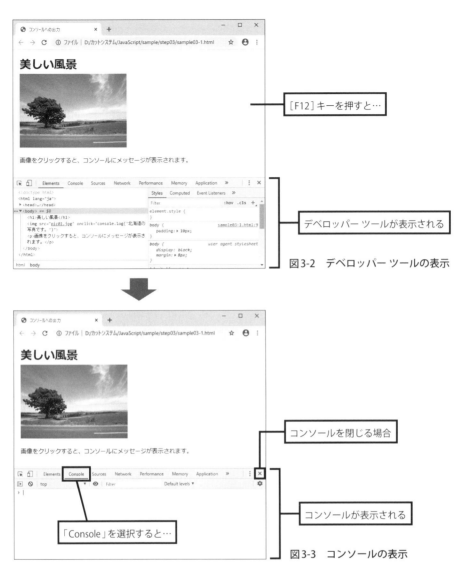

[F12]キーを押すと…

デベロッパー ツールが表示される

図3-2　デベロッパー ツールの表示

コンソールを閉じる場合

コンソールが表示される

「Console」を選択すると…

図3-3　コンソールの表示

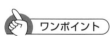 ワンポイント

Firefox、Edgeを使用する場合

　FirefoxやEdgeを使用している場合も、**[F12]キー**で開発ツールを表示することができます。続いて「コンソール」を選択すると、コンソール画面を表示できます。

■Firefoxの場合

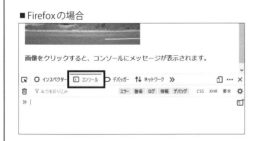

■Edgeの場合

3.3 コンソールに文字を表示

　ステップ02では、alert()を使ってメッセージウィンドウを表示しました。今度は、コンソールに文字を表示して、JavaScriptの動作を確認してみましょう。

　コンソールに文字を表示するときは**console.log()**という命令文を使用します。表示する文字は、カッコ内に「**'**」（シングルクォーテーション）で囲んで記述します。以下は、画像をクリックすると「北海道の写真です。」とコンソールに表示するJavaScriptの例です。

▼sample03-1.html

```
        ⋮
18    <body>
19    <h1>美しい風景</h1>
20    <img src="pic01.jpg" onclick="console.log('北海道の写真です。');">
21    <p>画像をクリックすると、コンソールにメッセージが表示されます。</p>
22    </body>
        ⋮
```

図3-4　console.log()を使った文字の表示

3.4 エラーメッセージの確認

記述ミスなどが原因でエラーが発生した場合に、「どこに間違いがあるのか？」を探すときにもコンソールが活用できます。JavaScriptの実行時にエラーが発生すると、その情報がコンソールに表示されます。

以下は、alert()のスペルを間違えてalart()と書いてしまった場合の例です。JavaScriptにalart()という命令文は存在しないため、画像をクリックするとエラーが発生し、「20行目でエラーが発生している」という情報がコンソールに表示されます。

▼ sample03-2.html

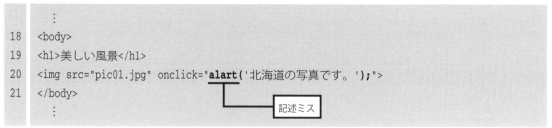

```
    ⋮
18  <body>
19  <h1>美しい風景</h1>
20  <img src="pic01.jpg" onclick="alart('北海道の写真です。');">
21  </body>
    ⋮
```

記述ミス

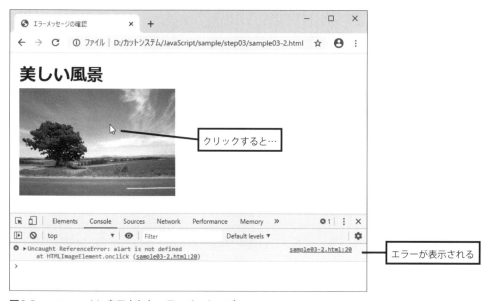

クリックすると…

エラーが表示される

図3-5　コンソールに表示されたエラーメッセージ

3.5 コンソールにJavaScriptを記述して実行

コンソールにJavaScriptを直接記述して、さまざまな処理を実行することも可能です。この機能は、JavaScriptの動作をテストする場合などに活用できます。ただし、Webブラウザを閉じると、コンソールに記述したJavaScriptも一緒に削除されることに注意してください。

図3-6　コンソールに記述したJavaScript

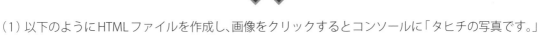

（1）以下のようにHTMLファイルを作成し、画像をクリックするとコンソールに「タヒチの写真です。」と表示されることを確認してみましょう。

```
 1  <!DOCTYPE html>
 2
 3  <html lang="ja">
 4
 5  <head>
 6  <meta charset="UTF-8">
 7  <title>コンソールへの出力</title>
 8  </head>
 9
10  <body>
11  <img src="tahiti01.jpg" onclick="console.log('タヒチの写真です。');">
12  </body>
13
14  </html>
```

※ この演習で使用する画像は、以下のURLからダウンロードできます。
　http://cutt.jp/books/978-4-87783-807-2/

（2）コンソールに「alert('テスト')」と入力して［Enter］キーを押してみましょう。

関数の基本

複雑な処理を実行するときは、関数を利用するのが一般的です。関数は「複数の処理を1つの命令にまとめたもの」と考えられます。ステップ04では、関数の基本的な使い方を学習します。

4.1 関数とは？

ステップ02～03では、イベントハンドラを使ってJavaScriptを実行する方法を解説しました。しかし、処理が複雑になってくると、イベントハンドラに直接JavaScriptを記述するのが難しくなります。このような場合は、P9～10で紹介したsample01-1.htmlのように、イベントハンドラに**関数**を指定してJavaScriptを実行します。

▼sample01-1.html

```
27  <p>基本使用料（2時間）　2000円</p>
28  <form onchange="checkSum();">
29    <label><input type="checkbox" id="c1">夜間照明（1000円）</label><br>
30    <label><input type="checkbox" id="c2">ネット（300円）</label><br>
31    <label><input type="checkbox" id="c3">ボール×10個（400円）</label>
32  </form>
33  <p>合計金額　<span id="total">2000円</span></p>
34
35  <script>
36  function checkSum() {
37    let price = 2000;
38    if(document.getElementById('c1').checked == true){
39      price = price + 1000;
40    }
41    if(document.getElementById('c2').checked == true){
42      price = price + 300;
43    }
44    if(document.getElementById('c3').checked == true){
45      price = price + 400;
46    }
47    document.getElementById('total').textContent = price + '円';
48  }
49  </script>
```

form内を変更すると、
関数checkSum()が実行される

関数checkSum()

関数は、**複数の処理を1つの命令にまとめたもの**と考えられます。sample01-1.htmlの場合、36～48行目が関数checkSum()となります。そして、28行目のonchangeイベントで関数checkSum()を呼び出してJavaScriptを実行しています。

JavaScriptを学習するにあたり、関数はとても重要なものとなります。まずは、このステップで関数の基本をよく学んでおいてください。

なお、関数名の最後にあるカッコ内には、関数の**引数**を記述します。引数の使い方については、ステップ08で詳しく解説します。

4.2 関数の作成方法

それでは、関数を作成する方法を解説していきましょう。ステップ01でも解説したように、JavaScriptは**`<script>`** ～ **`</script>`** の中に記述しなければなりません。よって、関数も`<script>` ～ `</script>`の中に作成します。

関数を作成するときは**function**を使用して、以下の形式でJavaScriptを記述します。これを**関数の定義**と呼びます。

```
function 関数名() {………}
```

関数名は半角英数字で自由に指定できます。このとき、最後に**()**を付けるのを忘れないようにしてください。

続いて、{………}の部分に「関数が呼び出されたときに実行するJavaScript」を記述します。{………}の中も改行は無視されるため、各文の最後に「**;**」（セミコロン）を記述する必要があります。ただし、{………}の後に「**;**」を記述する必要はありません。

（関数の定義の例）

```
function abc() {
  let c = a + b ;
  let taxIn = c * 1.10;
  alert('料金は' + taxIn + '円です');
}
```

関数abc()により実行されるJavaScript

4.3 関数名に指定できない文字

先ほど「関数名は自由に指定できます」と解説しましたが、**予約語**に指定されている文字は例外となります。このため、以下に示した文字を関数名に指定することはできません。また、alert()のように、JavaScriptの命令文になっている文字も関数名には適しません。

■ 予約語の一覧

break	case	catch	class	const
continue	debugger	default	delete	do
else	enum	export	extends	false
finally	for	function	if	implements
import	in	instanceof	interface	let
new	null	package	private	protected
public	return	static	super	switch
this	throw	true	try	typeof
var	void	while	with	yield

また、関数名は以下のルールに従って指定するのが基本です。

・関数名は半角文字で指定します。
　※全角文字も使用できますが、通常は半角文字を使用します。

・関数名に「-」（ハイフン）を含めることはできません。

・関数名の最初の1文字は、アルファベット、_（アンダースコア）、$（ドル）にします。
　※関数名を数字で始めることはできません。

4.4 イベントハンドラから関数を呼び出す

最後に、イベントハンドラから関数を呼び出す方法を解説しておきます。関数として定義したJavaScriptを実行するときは、イベントハンドラの値に**"関数名()"**を記述します。

　　イベントハンドラ名="関数名()"

演 習

(1) 以下のようにHTMLファイルを作成し、onclickイベントで関数photoInfo()を呼び出してみましょう。

```
1   <!DOCTYPE html>
2
3   <html lang="ja">
4
5   <head>
6   <meta charset="UTF-8">
7   <title>関数の練習</title>
8   </head>
9
10  <body>
11  <img src="tahiti01.jpg" onclick="photoInfo()">
12
13  <script>
14  function photoInfo() {
15      alert('タヒチの写真です。');
16  }
17  </script>
18
19  </body>
20
21  </html>
```

onclickイベントで
関数photoInfo()を呼び出す

関数photoInfo()

※ この演習で使用する画像は、以下のURLからダウンロードできます。

http://cutt.jp/books/978-4-87783-807-2/

※ ステップ02の演習(1)と同じ実行結果になります。

メッセージが表示される

クリックすると…

変数の利用

ここからは、JavaScriptでプログラムを作成するときに必須となる命令文について学習していきます。まずは、数値や文字を変数として扱う方法を学習します。

5.1 変数の宣言

　JavaScriptを使ってさまざまな処理を実行するには、数値データや文字データを上手に扱っていく必要があります。このときに重要な役割を果たしてくれるのが**変数**です。変数は「数値や文字を入れられる箱」と考えればよいでしょう。それぞれの変数（箱）には好きな名前を付けることができます。

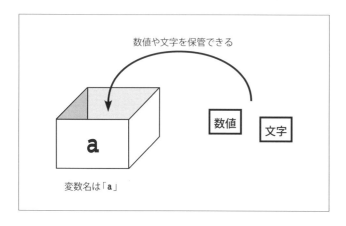

　数値や文字を変数として扱うときは、最初に**変数の宣言**（変数の定義）を行います。この作業は、**let**に続けて変数名を記述すると実行できます。たとえば、abcという名前の変数を作成するときは、以下のようにJavaScriptを記述します。

```
let abc;
```

　複数の変数を同時に宣言することも可能です。この場合は、それぞれの変数名を「,」（カンマ）で区切って記述します。たとえば、name、age、addressという変数を同時に宣言するときは、以下のようにJavaScriptを記述します。

```
let name, age, address;
```

変数名に指定できない文字

P24で紹介した**予約語**は、変数名に指定できないことに注意してください。変数名に関する
ルールは、基本的に関数名の場合と同じです（P24参照）。

5.2　変数に数値を代入

続いては、変数に**数値**を代入する方法を解説します。変数に数値を代入するときは「**=**」（イコー
ル）の記号を使い、**左辺に変数名**、**右辺に代入する数値**を記述します。たとえば、「a」という変
数に「5」を代入するときは、以下のように記述します。

```
let a;
a = 5;
```

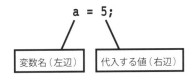

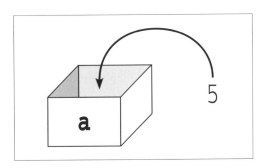

このとき、「変数の宣言」と「数値の代入」を同時に行っても構いません。この場合は、**let**に
続けて**変数名 = 値**と記述します。

```
let a = 5;
```

代入文の記述方法

ここでは「let a = 5」のように、「=」の前後に半角スペースを挿入して代入文を記述してい
ます。これはJavaScriptの記述を見やすくするためです。これらの半角スペースを削除して、
「let a=5」と記述しても構いません。JavaScriptでは半角スペースが無視されるため、「=」の
前後に好きなだけ半角スペースを挿入できます。

5.3 変数に文字を代入

続いては、変数に**文字**を代入する方法を解説します。この場合も「**=**」（イコール）を利用し、**左辺に変数名、右辺に代入する文字**を記述します。このとき、代入する文字を「**'**」（シングルクォーテーション）または「**"**」（ダブルクォーテーション）で囲むのを忘れないようにしてください。

```
let str;
str = 'こんにちは';
```

もちろん、「変数の宣言」と「文字の代入」を同時に行うことも可能です。

```
let str = 'こんにちは';
```

5.4 変数の表示

変数に代入した数値や文字を利用するときは、その変数名を記述します。たとえば、変数の内容をメッセージウィンドウに表示する場合は、alert()のカッコ内に変数名を記述します。

▼sample05-1.html

```
1   <!DOCTYPE html>
2
3   <html lang="ja">
4
5   <head>
6   <meta charset="UTF-8">
7   <title>変数の利用</title>
8   </head>
9
10  <body>
11  <h3>問題</h3>
12  <p>16+21は？  <button onclick="showAnser();">解答を見る</button></p>
13  <script>
14  function showAnser() {
15      let anser = 37;           変数anserを宣言して37を代入
16      alert(anser);
17  }                             変数anserの内容を表示
18  </script>
19  </body>
```

28

```
20
21    </html>
```

図5-1　変数（数値）の表示

▼ sample05-2.html

```
        ⋮
10    <body>
11    <h3>問題</h3>
12    <p>日本で一番高い山は？ <button onclick="showAnser();">解答を見る</button></p>
13    <script>
14    function showAnser() {
15        let anser = '富士山';        ← 変数anserを宣言して'富士山'を代入
16        alert(anser);                ← 変数anserの内容を表示
17    }
18    </script>
19    </body>
        ⋮
```

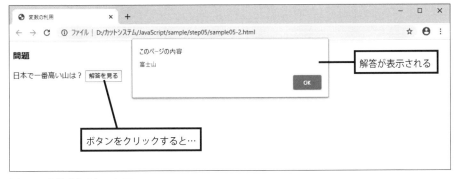

図5-2　変数（文字）の表示

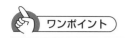 ワンポイント

グローバル変数とローカル変数

　変数を利用するときは、変数を宣言する位置にも注意しなければなりません。関数の外で宣言した変数は**グローバル変数**と呼ばれ、JavaScript全体で利用できる変数になります。一方、関数の中で宣言した変数は**ローカル変数**と呼ばれ、その関数の中だけで利用できる変数になります。

```
let point = 100; ──────── グローバル変数
    ⋮
function showAnser() {
  let anser = '富士山'; ──── ローカル変数
                            ※関数 showAnser() の中だけで利用可能
  alert(anser);
}
```

演 習

（1）sample05-2.htmlを参考に、ボタンをクリックすると解答を表示するWebページを作成してみましょう。

　　　問題文：日本の首都は？
　　　　解答：東京

Step 06 変数の演算

変数の便利なところは、四則演算などの計算を自由に行えることです。そのほか、文字の足し算を行うことも可能です。ステップ05では、変数を使って演算を行う方法を学習します。

6.1 演算子の記述

JavaScriptで数値演算を行うときは、以下の**演算子**を使って数式を記述します。「**+**」や「**-**」の記号は一般的な記述と同じですが、「×」は「*****」、「÷」は「**/**」と記述することに注意してください。もちろん、演算子は半角文字で記述しなければなりません。

■ JavaScriptで使用できる演算子

演算子	計算方法	記述例	
+	足し算	`18 + 31`	（18に31を足す）
-	引き算	`53 - 24`	（53から24を引く）
*	掛け算	`80 * 1.5`	（80に1.5を掛ける）
/	割り算	`55 / 6`	（55を6で割る）
%	余り	`70 % 12`	（70を12で割った余りを求める）
**	べき乗	`2 ** 8`	（2の8乗を計算する）

たとえば、以下のようにJavaScriptを記述すると、変数aに8が代入されます。

```
let a = 5 + 3;
```

※演算子「+」の前後にある半角スペースを省略し、数式を続けて記述しても構いません。

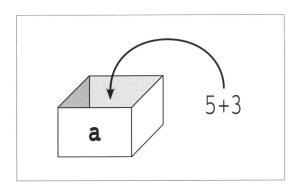

このとき、数式内に**変数**を記述したり、**（ ）**で演算する順序を指定したりすることも可能です。たとえば、以下のようにJavaScriptを記述すると、変数cには、変数a（300）と変数b（700）の合計に1.1を掛けた値（1100）が代入されます。

```
let a = 300;
let b = 700;
let c = (a + b) * 1.1;
```

6.2　プログラムならではの記述方法

JavaScriptでは、以下のような数式を記述する場合があります。この数式は、数学的に見ると正しくありませんが、プログラムでは「正しい式」として処理されます。

```
a = a + 3;
```

JavaScriptの「**=**」は「同じ」を意味する記号ではなく、**左辺に右辺を代入する**という意味になります。よって、以下の数式の意味は、**変数aに3を足した値を、変数aに代入する**となります。たとえば、変数aの値が5であった場合は、5+3=8が新しいaの値として代入されます。

6.3　インクリメントとデクリメント

JavaScriptではインクリメントとデクリメントもよく利用されます。**インクリメント**は変数の値を1だけ増加させる演算で、**変数名++**と記述します。たとえば、以下のように記述すると、変数aの値は6になります。

```
let a = 5;
a++; ──────────────────────  「a=a+1」と同じ
console.log(a);
```

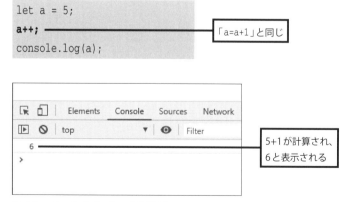

5+1が計算され、6と表示される

図6-1　インクリメントの実行結果

一方、**デクリメント**は変数の値を1だけ減少させる演算で、**変数名--**と記述します。以下の例の場合、変数aの値は4になります。

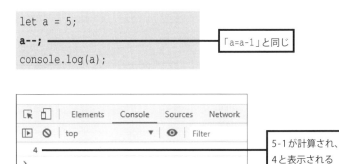

```
let a = 5;
a--;
console.log(a);
```

図6-2 デクリメントの実行結果

6.4 文字の足し算

「**+**」の演算子を使って「文字の追加」を行うことも可能です。たとえば、以下のように数式を記述すると、変数strの値は'ようこそ京都へ'になります。

```
let str = 'ようこそ';
str = str + '京都へ';
alert(str);
```

　なお、文字に対して実行できる演算は「足し算」だけとなります。「str - '京都へ'」のように、文字の「引き算」を行うことはできません。

6.5 変数に文字を追加して表示

　文字の足し算は、alert()を使って文章を表示する場合などに活用できます。たとえば「anser='富士山'」であった場合に、「alert('答えは' + anser + 'です')」と記述すると、「答えは富士山です」と表示できます。

```
let anser = '富士山';
alert('答えは' + anser + 'です');
```

このような記述は、表示する変数の値が「数値」であった場合にも有効です。

```
let anser = 37;
alert('答えは' + anser + 'です');
```

演 習

（1）変数aと変数bについて、**足し算**（a+b）、**引き算**（a-b）、**掛け算**（a*b）、**割り算**（a/b）を計算し、その答えを表示するWebページを作成してみましょう。なお、変数aと変数bの値は、a=10、b=4とします。

「足し算」ボタンをクリックした場合

「掛け算」ボタンをクリックした場合

※ 以下の4つの関数を作成し、各ボタンをクリックすると対応する関数が呼び出されるようにJavaScriptを記述します。

　　　足し算：add()　　引き算：subtract()　　掛け算：multiply()　　割り算：divide()

※ それぞれの関数では、変数anserに計算結果を代入し、alert()で答えを表示します。

※ 変数a、bはグローバル変数とするため、関数の外で変数を宣言します。

Step 07 配列の利用

ステップ07では、1つの名前で複数のデータを扱える「配列」について学習します。プログラムの作成に必須となるものなので、よく使い方を覚えておいてください。

7.1 配列とは？

配列は、1つの名前で複数のデータを扱える変数です。以下のイラストのようにイメージすると、配列の仕組みを理解しやすいと思います。

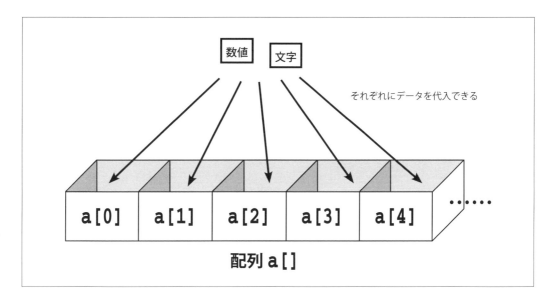

配列を使用するときは、a[2]のように**配列名[添え字]**と記述して扱うデータ（箱）を指定します。添え字は0から始まるため、0、1、2、3、……と付けていきいきます。このため、データ（箱）の数より1つ小さい数値が「添え字の最大値」になります。

7.2 配列の宣言とデータの代入

配列を使用するときも、最初に**let**で配列を宣言しておく必要があります。新しい配列を作成するときは、以下のようにJavaScriptを記述します。

```
let 配列名 = [];
```

たとえば、priceという名前の配列を作成して、price[0]に480、price[1]に980、price[2]に1280を代入するときは、以下のようにJavaScriptを記述します。

```
let price = [];
price[0] = 480;
price[1] = 980;
price[2] = 1280;
```

このとき、「配列の宣言」と「データの代入」を同時に行っても構いません。この場合は、各データを「,」（カンマ）で区切って以下のように記述します。

```
let price = [480, 980, 1280];
```

もちろん、配列に文字を代入することも可能です。この場合は、文字を「'」または「"」で囲んで記述します。

```
let member = ['佐藤', '田中', '鈴木', '木村', '伊藤'];
```

7.3　配列の読み込み

続いては、配列に代入したデータを利用する方法を解説します。配列内にあるデータを利用するときは、**配列名[添え字]**と記述します。以下は、price[1]のデータをalert()で表示するときの記述例です。

```
let price = [480, 980, 1280];
alert('価格は' + price[1] + '円です');
```

図7-1　配列データの表示（sample07-A.html）

［添え字］の記述を省略した場合は、配列内にあるすべてのデータが「,」で区切って表示されます。この記述は、配列に代入されているデータを確認するときなどに活用できます。

```
alert(price);
```

図7-2　alert()で配列を表示した場合（sample07-B.html）

```
console.log(price);
```

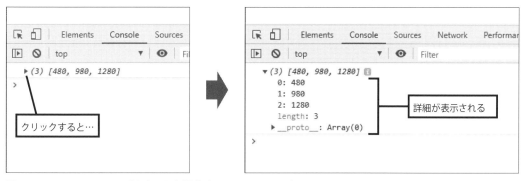

図7-3 console.log()で配列を表示した場合（sample07-C.html）

「配列に何個のデータが代入されているか？」を調べたいときは、**配列名.length**と記述します。たとえば、memberという配列に5つのデータを代入した場合、member.lengthの値は5になります。

```
let member = ['佐藤', '田中', '鈴木', '木村', '伊藤'];
alert('メンバーは全部で' + member.length +'名です');
```

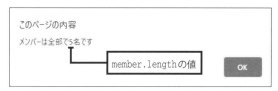

図7-4 「配列の長さ」を表示（sample07-D.html）

このとき、**配列名.lengthから1を引いた値**が「**添え字の最大値**」になることに注意してください。上記の例では、member[0]='佐藤'、member[1]='田中'、member[2]='鈴木'、member[3]='木村'、member[4]='伊藤'となり、「データの個数」（member.length）は5、「添え字の最大値」は4となります。

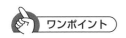

ワンポイント

空データと配列名.lengthの値

　配列を使用するときに、[添え字]をスキップしてデータを代入しても構いません。たとえば、以下のようにJavaScriptを記述すると、member[2]とmember[3]はundefined（未定義）になります。

```
let member = [];
member[0] = '佐藤';
member[1] = '田中';
member[4] = '伊藤';
```

　この場合、データの数は3個しかありませんが、member.lengthの値は5になります。

（1）配列aと配列bを以下のように作成し、ボタンのクリックにより、a[0]*b[0]、a[1]*b[1]、a[2]*b[2]の計算結果を表示するWebページを作成してみましょう。

```
a = [500, 980, 1200];        b = [10, 16, 8];
```

※ 表の書式（CSS）は、各自で自由に指定してください。

※ multiply_0()、multiply_1()、multiply_2()という3つの関数を作成し、各ボタンをクリックすると対応する関数が呼び出されるようにJavaScriptを記述します。

※ それぞれの関数では、変数anserに計算結果を代入し、alert()で解答を表示します。

※ 配列a、bはグローバル配列とするため、関数の外で配列を宣言します。

Step 08 関数の引数

イベントハンドラから関数を呼び出すときに、「数値」や「文字」を関数へ渡すことも可能です。これを関数の引数といいます。ステップ08では、引数の使い方を学習します。

8.1 関数の引数とは？

　ステップ04では、イベントハンドラの値に**"関数名()"**を記述してJavaScriptを実行する方法を学習しました。このときに**引数**を指定し、「数値」や「文字」を関数へ渡すことも可能です。

　たとえば、「onclick="tax(500);"」と記述した場合、500という数値が関数tax()に渡されます。渡された500は自動的に変数priceに代入され、関数内の処理に利用されます。以下の例では、変数priceを1.1倍した550が、変数taxInに代入されることになります。

```
    ⋮
<p>CD-R 10枚（500円）  <button onclick="tax(500);">税込み価格を計算</button></p>
    ⋮
                        関数tax()に500を渡す


                変数priceに500が代入される
<script>
    ⋮
function tax(price) {
  let taxIn = price * 1.1;
  alert('税込み価格は' + taxIn + '円です');        「税込み価格は550円です」と表示される
}
    ⋮
</script>
```

8.2 引数の指定方法

　先ほどの例でも示したように、**引数**を指定して関数を呼び出すときは、関数名のカッコ内に「数値」または「文字」を記述します。数値を引数として渡す場合は、カッコ内にそのまま数値を記述します。文字を引数として渡す場合は、「'」で囲んで文字を記述します。

■数値を渡す場合

```
onclick="abc(3)";
```

数値をそのまま記述

■文字を渡す場合

```
onclick="abc('富士山')";
```

「'」で文字を囲む

もちろん、**function**で関数を定義するときに、**引数を受け取る変数**を指定しておく必要もあります。この変数は、関数名の**カッコ内に変数名を記述**して指定します。

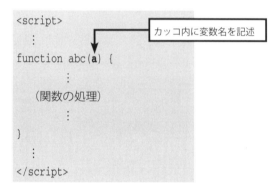

```
<script>
    ⋮
function abc(a) {
        ⋮
    (関数の処理)
        ⋮
}
    ⋮
</script>
```

カッコ内に変数名を記述

8.3　引数を利用して関数を汎用化

ここまでの解説で引数の使い方は理解できたと思います。続いては、引数を活用した具体的な例を紹介していきます。

たとえば、「20% OFFの割引価格」を計算するプログラムをJavaScriptで作成するとしましょう。このプログラムを引数なしで作成するとsample08-1.htmlのようになり、何個も関数を作成しなければなりません。

一方、それぞれの価格を**引数**として関数に渡した場合は、関数の処理を「価格×0.8」という形にまとめることができます。つまり、関数を汎用化できることになります。

▼ **sample08-1.html** ※各ボタンに関数を用意した場合

```
11  <h1>割引セール実施中！</h1>
12  <p>ボタンをクリックすると、割引後の価格が表示されます。</p>
13  <p>・S席（6000円）　<button onclick="sale_S();">20% OFF</button></p>
14  <p>・A席（4200円）　<button onclick="sale_A();">20% OFF</button></p>
15  <p>・B席（2800円）　<button onclick="sale_B();">20% OFF</button></p>
16
17  <script>
18  function sale_S() {
19    let salePrice = 6000 * 0.8;
20    alert('割引後の価格は' + salePrice + '円です');
21  }
22  function sale_A() {
23    let salePrice = 4200 * 0.8;
24    alert('割引後の価格は' + salePrice + '円です');
25  }
26  function sale_B() {
27    let salePrice = 2800 * 0.8;
28    alert('割引後の価格は' + salePrice + '円です');
29  }
30  </script>
```

- S席用の関数 (lines 18–21)
- A席用の関数 (lines 22–25)
- B席用の関数 (lines 26–29)

▼ **sample08-2.html** ※関数を汎用化した場合

```
    ⋮
11  <h1>割引セール実施中！</h1>
12  <p>ボタンをクリックすると、割引後の価格が表示されます。</p>
13  <p>・S席（6000円）　<button onclick="sale(6000);">20% OFF</button></p>
14  <p>・A席（4200円）　<button onclick="sale(4200);">20% OFF</button></p>
15  <p>・B席（2800円）　<button onclick="sale(2800);">20% OFF</button></p>
16
17  <script>
18  function sale(price) {
19    let salePrice = price * 0.8;
20    alert('割引後の価格は' + salePrice + '円です');
21  }
22  </script>
    ⋮
```

カッコ内の数値が
変数priceに代入される

2つのサンプルの実行結果は、どちらも同じになります。sample08-2.htmlの方がJavaScriptの記述が簡単で、アイテムの増加（席の種類の増加）などにも手軽に対応できます。

図8-1　引数を活用した関数

8.4　複数の引数を指定する場合

関数を呼び出すときに、**複数の引数**を渡すことも可能です。複数の引数を指定するときは、それぞれの引数を「,」（カンマ）で区切って記述します。もちろん、functionで関数を定義するときも、**引数と同じ数の変数**を用意しておく必要があります。関数へ渡された引数は左から順番に、それぞれの変数に代入されていきます。

▼sample08-3.html　　※「席の種類」と「価格」を引数にした場合

```
     ⋮
11  <h1>割引セール実施中！</h1>
12  <p>ボタンをクリックすると、割引後の価格が表示されます。</p>
13  <p>・S席（6000円）　<button onclick="sale('S席', 6000);">20% OFF</button></p>
14  <p>・A席（4200円）　<button onclick="sale('A席', 4200);">20% OFF</button></p>
15  <p>・B席（2800円）　<button onclick="sale('B席', 2800);">20% OFF</button></p>
16
17  <script>
18  function sale(seat, price) {
19    let salePrice = price * 0.8;
20    alert(seat + 'の割引後の価格は' + salePrice + '円です');
21  }
22  </script>
     ⋮
```

「席の種類」は変数seatに、
「価格」は変数peiceに代入される

図8-2　複数の引数を活用した関数

演　習

(1) ステップ07の演習 (1) で作成したHTMLファイルを、1つの関数で処理できるように改良してみましょう（関数の引数を利用します）。

※ multiply_0()、multiply_1()、multiply_2()の関数を、multiply()として汎用化します。

※ それぞれのonclickイベントでは、引数に0、1、2（添え字）を指定して関数multiply()を呼び出します。

※ 関数multiply()では、変数iで引数を受け取ります。

※ 掛け算を計算する部分では、配列a、bの [ ] 内に変数iを記述して添え字を指定します。

要素の取得と内容の変更

JavaScriptを使ってWebページの内容を書き換えるには、あらかじめ「操作の対象となる要素」を取得しておく必要があります。ステップ09では、要素を取得し、その内容を変更する方法を解説します。

9.1 要素の取得

これまでのステップでは、JavaScriptで処理した結果をalert()で表示していました。しかし、メッセージウィンドウではなく、Webページ内に処理結果を表示したい場合もあるでしょう。これを実現するには、Webページ内にある要素のうち「どの要素を操作するか？」を指定しなければなりません。この作業のことを**要素の取得**と呼びます。

要素を取得するときは**document.getElementById()**を使用し、**ID名**で要素を指定するのが一般的です。取得する要素のID名は、カッコ内に「**'**」で囲んで記述します。

```
document.getElementById('ID名')
```

たとえば、以下のようにJavaScriptを記述すると、ID名が'message'の要素（div要素）を変数anserBoxに代入することができます。

▼ sample09-1.html

```
 1  <!DOCTYPE html>
 2
 3  <html lang="ja">
 4
 5  <head>
 6  <meta charset="UTF-8">
 7  <title>要素の取得</title>
 8  <style>
 9    #message {
10      width: 250px;
11      border: solid 3px #FF9999;
12      padding: 15px;
13      margin-top: 30px;
14    }
15  </style>
16  </head>
```

div要素（#message）のCSS

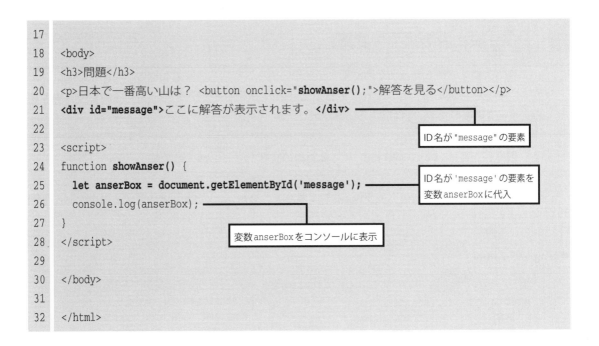

```
17
18  <body>
19  <h3>問題</h3>
20  <p>日本で一番高い山は？ <button onclick="showAnser();">解答を見る</button></p>
21  <div id="message">ここに解答が表示されます。</div>
22
23  <script>
24  function showAnser() {
25    let anserBox = document.getElementById('message');
26    console.log(anserBox);
27  }
28  </script>
29
30  </body>
31
32  </html>
```

ID名が "message" の要素

ID名が 'message' の要素を
変数anserBoxに代入

変数anserBoxをコンソールに表示

　変数には「数値」や「文字」だけでなく、HTMLの「要素」を代入することも可能です。試しに、変数anserBoxの内容を`console.log()`で出力してみると、div要素の記述がコンソールに表示されるのを確認できます。

図9-1　取得した要素の表示

大文字/小文字の区別に注意

　`document.getElementById()`を使用するときは、アルファベットの大文字/小文字に注意してください。以下に示した「**E**」、「**B**」、「**I**」の3文字を大文字で記述し、他の文字は小文字で記述します。

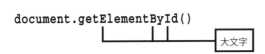

　さらに、ID名の大文字/小文字にも注意が必要です。たとえば、"message" というID名を'Message' と記述してしまうとエラーが発生します。注意するようにしてください。

9.2　要素内の文字の変更

　これで要素を取得する方法を理解できたと思います。ただし、要素を取得しただけでは、Webページの表示は何も変化しません。取得した要素の中の文字を変更するには**.textContent**を使って「**変更後の文字**」を指定する必要があります。

　　　　　　取得した要素.textContent = '変更後の文字';　　　　※Cは大文字で記述します。

　たとえば、以下のようにJavaScriptを記述すると、変数anserBox（div要素）の中にある文字を『答えは「富士山」です。』に変更できます。

▼ sample09-2.html

```
      ⋮
18  <body>
19  <h3>問題</h3>
20  <p>日本で一番高い山は？ <button onclick="showAnser();">解答を見る</button></p>
21  <div id="message">ここに解答が表示されます。</div>
22
23  <script>
24  function showAnser() {
25    let anserBox = document.getElementById('message');
26    anserBox.textContent = '答えは「富士山」です。';  ──── 変数anserBox（div要素）の文字を変更
27  }
28  </script>
29
30  </body>
      ⋮
```

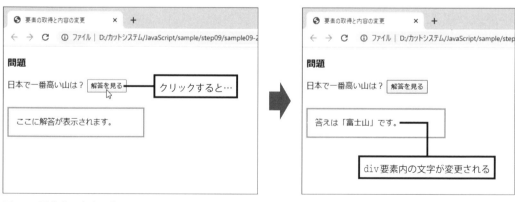

図9-2　要素内の文字の変更

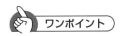 ワンポイント

変数を使わずに処理する

　先ほど示した例では、取得した div 要素を変数 anserBox に代入し、この anserBox に対して .textContent で「変更後の文字」を指定しました。この処理を以下のように記述することも可能です。

```
let anserBox = document.getElementById('message');
anserBox.textContent = '答えは「富士山」です。';
```

```
document.getElementById('message').textContent = '答えは「富士山」です。';
```

　1行の記述は長くなりますが、変数を使わずに処理する方法として、こちらの書き方も覚えておいてください。

9.3　要素内のHTMLを書き換える

　取得した要素内のHTMLを書き換えることも可能です。この場合は **.innerHTML** で「変更後のHTML」を指定します。
　たとえば、次ページの sample09-3.html のように JavaScript を記述すると、`<div>` ～ `</div>` の中の記述を以下のように変化させることができます。

```
<div id="message">ここに解答が表示されます。</div>
```

```
<div id="message">答えは「富士山」です。<br><img src="mt_fuji.jpg"></div>
```

　これにより、div 要素内の文字を変更するだけでなく、文章を改行したり、画像を表示したりすることも可能となります。

Step 09　要素の取得と内容の変更　**47**

```
    ⋮
19  <h3>問題</h3>
20  <p>日本で一番高い山は？ <button onclick="showAnser();">解答を見る</button></p>
21  <div id="message">ここに解答が表示されます。</div>
22
23  <script>
24  function showAnser() {
25    let anserBox = document.getElementById('message');
26    anserBox.innerHTML = '答えは「富士山」です。<br><img src="mt_fuji.jpg">';
27  }
28  </script>
    ⋮
```

変数anserBox（div要素）の中に HTMLを挿入

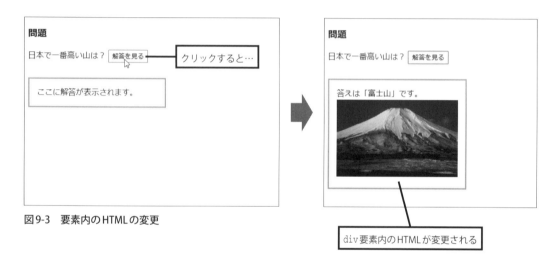

図9-3　要素内のHTMLの変更

div要素内のHTMLが変更される

　なお、上記の処理を.textContentで行うと、「変更後のHTML」がそのままWebページに表示されてしまいます。注意するようにしてください。

演習

（1）以下のようにHTMLを記述し、ボタンをクリックすると（**予約受付中**）の文字を（**予約済み**）に変更するJavaScriptを作成してみましょう。

```
1  <!DOCTYPE html>
2
3  <html lang="ja">
4
```

```
 5   <head>
 6   <meta charset="UTF-8">
 7   <title>要素の取得と内容の変更</title>
 8   <style>
 9     #status {
10       font-weight: bold;
11       color: #FF0000;
12     }
13   </style>
14   </head>
15
16   <body>
17   <h1>座席の予約</h1>
18   <p>東京会場<span id="status">（予約受付中）</span></p>
19   <div><button onclick="reserve()">予約する</button></div>
20
21   </body>
22
23   </html>
```

このID名で要素を取得する

ここに関数 reserve() を作成

（2）演習（1）で作成したHTMLファイルを、以下の図のように改良してみましょう。

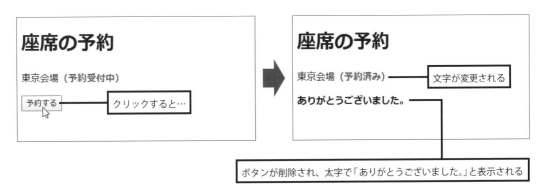

※ div要素にID名を付けて要素を取得し、div要素内のHTMLを「ありがとうございました。」に書き換えます。

Step 10 複数の要素の取得

続いては、複数の要素をまとめて取得する方法を解説します。この場合は、セレクタを使って取得する要素を指定します。取得された要素は、配列として変数に代入されます。

■ 10.1 セレクタを使った要素の取得

ステップ09では、ID名を指定して要素を取得する方法を解説しました。ただし、この方法は、要素を1つずつしか取得できないのが弱点となります。複数の要素を取得するには、document.getElementById()を何回も記述しなければなりません。

そこで、複数の要素をまとめて取得できる**document.querySelectorAll()**の使い方も覚えておくと便利です。こちらは**セレクタ**で取得する要素を指定します。

　　document.querySelectorAll('セレクタ')

セレクタとは、CSSを指定するときに {……} の前に記述する文字のことです。たとえば、h1要素の場合は'h1'、div要素の場合は'div'がセレクタになります。クラス名で要素を指定することも可能です。この場合は、先頭に「**.**」（ピリオド）を付けて'.abc'のようにセレクタを記述します。同様に、ID名で指定する場合は、先頭に「**#**」（シャープ）を付けて'#abc'のようにセレクタを記述します。

■セレクタの記述
　　'要素名' ....「要素名」で要素を指定
　　'.クラス名' ....「クラス名」で要素を指定
　　'#ID名' ....「ID名」で要素を指定

具体的な例を示しておきましょう。以下の例では、セレクタに'li'を指定しているため、li要素が順番に取得されることになります。

▼ sample10-1.html

```
1   <!DOCTYPE html>
2
3   <html lang="ja">
4
5   <head>
6   <meta charset="UTF-8">
```

```
 7    <title>複数の要素の取得</title>
 8    </head>
 9
10    <body>
11    <h3>会場と日程</h3>
12    <ul id="schedule">
13      <li>札幌 (9/5) </li>
14      <li>仙台 (9/8) </li>          li要素は4個
15      <li>東京 (9/11) </li>
16      <li>横浜 (9/12) </li>
17    </ul>
18    <button onclick="get_li()">要素を取得</button>
19
20    <script>
21    function get_li() {
22      let list = document.querySelectorAll('li');     li要素を取得し、listに代入
23      console.log(list);
24    }
25    </script>                        listの内容をコンソールに表示
26
27    </body>
28
29    </html>
```

　このHTMLには4個のli要素があります。これらの要素が代入される変数listは**配列**となり、それぞれのli要素が順番にlist[0]、list[1]、list[2]、list[3]に代入されます。

　コンソールに表示されたlistの内容を見てみると、0～3の添え字にli要素が1個ずつ保管されているのを確認できます。このとき、コンソール内でマウスを動かして、それぞれの「添え字」と「li要素」の対応を確認することも可能です。

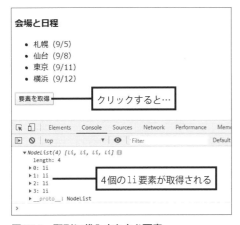

図10-1　配列に代入されたli要素

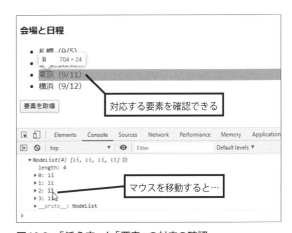

図10-2　「添え字」と「要素」の対応の確認

10.2　取得する要素を絞り込む方法

　続いては、取得する要素を絞り込む方法を紹介します。以下のサンプルは、Webページ内に合計7個のli要素があります。

▼ **sample10-2.html**

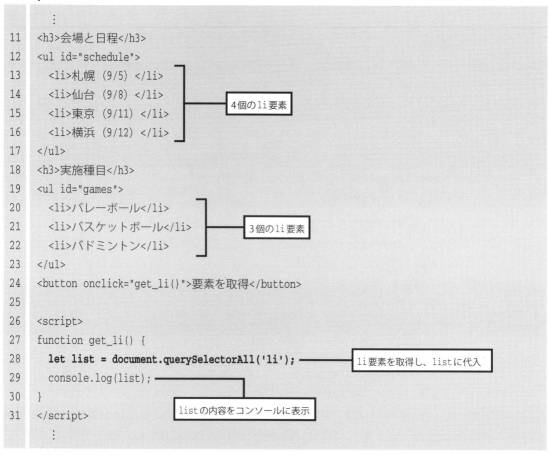

```
11  <h3>会場と日程</h3>
12  <ul id="schedule">
13    <li>札幌（9/5）</li>
14    <li>仙台（9/8）</li>        ─ 4個のli要素
15    <li>東京（9/11）</li>
16    <li>横浜（9/12）</li>
17  </ul>
18  <h3>実施種目</h3>
19  <ul id="games">
20    <li>バレーボール</li>
21    <li>バスケットボール</li>     ─ 3個のli要素
22    <li>バドミントン</li>
23  </ul>
24  <button onclick="get_li()">要素を取得</button>
25
26  <script>
27  function get_li() {
28    let list = document.querySelectorAll('li');   ─ li要素を取得し、listに代入
29    console.log(list);
30  }                                         ─ listの内容をコンソールに表示
31  </script>
```

　この場合、すべてのli要素が順番に取得されるため、全部で7個のli要素が配列listに代入されます。

図10-3　配列に代入されたli要素

では、「会場と日程」のli要素だけを取得したい場合はどうすればよいでしょうか？　この場合は、'#schedule li' のようにセレクタを**半角スペース**で区切って列記すると、習得する要素を絞り込むことができます。

■半角スペースを使った絞り込み

　　'条件A 条件B' ·················· （条件A）の中にある（条件B）の要素を指定

▼ sample10-3.html

```
        ⋮
26  <script>
27  function get_li() {
28    let list = document.querySelectorAll('#schedule li');
29    console.log(list);
30  }
31  </script>
        ⋮
```

　　上記のようにセレクタを記述した場合、「ID名がscheduleの要素」（ul要素）の中にある「li要素」だけが取得されます。要素を絞り込んで取得する方法として覚えておいてください。

▼ sample10-3.html

```
        ⋮
11  <h3>会場と日程</h3>
12  <ul id="schedule">
13    <li>札幌 (9/5) </li>          ┐
14    <li>仙台 (9/8) </li>          │  #scheduleの中にある
15    <li>東京 (9/11) </li>         │  （取得される）
16    <li>横浜 (9/12) </li>         ┘
17  </ul>
18  <h3>実施種目</h3>
19  <ul id="games">
20    <li>バレーボール</li>         ┐
21    <li>バスケットボール</li>     │  #scheduleの中にない
22    <li>バドミントン</li>         ┘  （取得されない）
23  </ul>
24  <button onclick="get_li()">要素を取得</button>
        ⋮
```

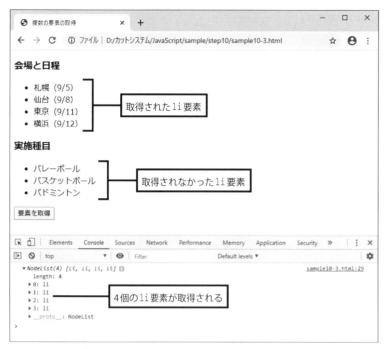

図10-4　配列に代入されたli要素

　続いては、document.querySelectorAll()で取得した要素の内容を書き換える方法を解説します。この方法はステップ09と基本的に同じです。文字を変更するときは**.textContent**、HTMLを変更するときは**.innerHTML**を使用します。

　以下は、ボタンのクリックによりli要素の内容を変更するJavaScriptの例です。

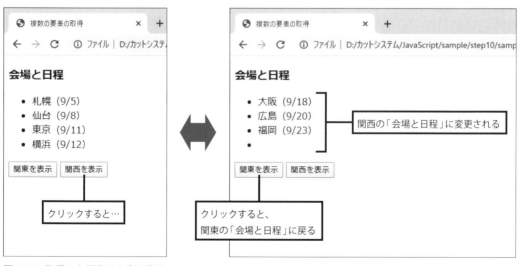

図10-5　取得した要素の文字の変更

▼**sample10-4.html**

```
  11  <h3>会場と日程</h3>
  12  <ul id="schedule">
  13    <li>札幌（9/5）</li>
  14    <li>仙台（9/8）</li>
  15    <li>東京（9/11）</li>
  16    <li>横浜（9/12）</li>
  17  </ul>
  18  <button onclick="showEast()">関東を表示</button>
  19  <button onclick="showWest()">関西を表示</button>
  20
  21  <script>
  22  let east = ['札幌（9/5）', '仙台（9/8）', '東京（9/11）', '横浜（9/12）'];
  23  let west = ['大阪（9/18）', '広島（9/20）', '福岡（9/23）', ''];
  24  let list = document.querySelectorAll('#schedule li');
  25  function showWest() {
  26    list[0].textContent = west[0];
  27    list[1].textContent = west[1];
  28    list[2].textContent = west[2];
  29    list[3].textContent = west[3];
  30  }
  31  function showEast() {
  32    list[0].textContent = east[0];
  33    list[1].textContent = east[1];
  34    list[2].textContent = east[2];
  35    list[3].textContent = east[3];
  36  }
  37  </script>
```

表示する文字を保管した配列

li要素を取得し、listに代入

li要素の文字をwestに変更

li要素の文字をeastに変更

　まずは、eastとwestの配列を宣言し、「それぞれのli要素に表示する文字」を代入しておきます（22～23行目）。続いて、document.querySelectorAll('#schedule li')で4個のli要素を取得します。取得したli要素はlist[0] ～ list[3]に代入されます（24行目）。

　25～30行目は、「関西を表示」ボタンがクリックされたときに実行される関数showWest()の記述です。取得したli要素の文字を書き換えることで、Webページの表示を変更しています。
　たとえば、list[0]には「1番目のli要素」が代入されています。このli要素の中にある文字をwest[0]に書き換えることで、「札幌（9/5）」→「大阪（9/18）」の文字変更を実現します。他のli要素も同様です。なお、west[3]の値は''（データなし）になるため、4番目のli要素（list[3]）の表示は空白になります。

31〜36行目は、「関東を表示」ボタンがクリックされたときに実行される関数showEast()の記述です。それぞれのli要素の文字を配列eastに書き換えることで、元の表示に戻しています。

（1）以下のようにHTMLを記述し、ボタンをクリックすると「国名」を「国旗」に変更するJavaScriptを作成してみましょう。

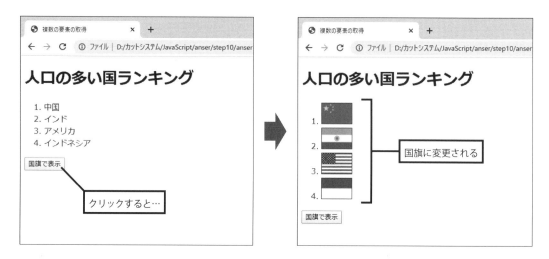

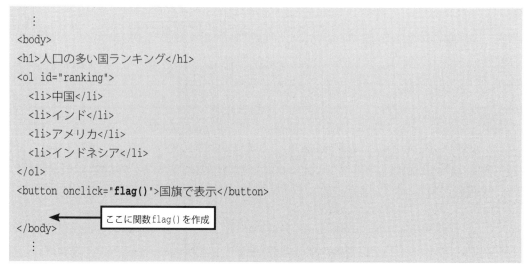

```
    :
<body>
<h1>人口の多い国ランキング</h1>
<ol id="ranking">
  <li>中国</li>
  <li>インド</li>
  <li>アメリカ</li>
  <li>インドネシア</li>
</ol>
<button onclick="flag()">国旗で表示</button>
                    ← ここに関数flag()を作成
</body>
    :
```

※ この演習で使用する画像は、以下のURLからダウンロードできます。
　http://cutt.jp/books/978-4-87783-807-2/
※ sample10-4.htmlを参考にJavaScriptを記述します。
※ それぞれのli要素の内容を.innerHTMLで書き換えて国旗の画像を表示します。

Step 11 要素の追加と削除

ステップ11では、Webページに要素を追加したり、Webページから要素を削除したりする方法を学習します。どちらも「動きのあるWebページ」の作成に欠かせないものなので、よく使い方を学んでおいてください。

11.1 要素の追加

「取得した要素」の中や前後に要素を追加したいときは、**insertAdjacentHTML()** という命令文を使用します。この命令文を使用するときは、以下のようにJavaScriptを記述します。

> **取得した要素.insertAdjacentHTML('位置', '追加するHTML');**

カッコ内の **'位置'** の部分には、以下のいずれかの文字を記して「要素を追加する位置」を指定します。

■要素を追加する位置の指定

'beforebegin' ················「取得した要素」の**直前**
'afterbegin' ·················「取得した要素」の中に**最初の子要素**として挿入
'beforeend' ·················「取得した要素」の中に**最後の子要素**として挿入
'afterend' ··················「取得した要素」の**直後**

たとえば「取得した要素」が\<xxx\> 〜 \</xxx\>であったい場合、要素が追加される位置はそれぞれ以下のようになります。

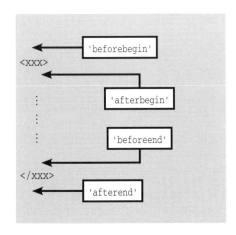

続いて、**'追加するHTML'** の部分に「追加する要素」のHTMLを記述します

具体的な例で解説していきましょう。以下は、「続きを表示」の文字をクリックすると、リスト項目を追加表示するJavaScriptの例です。

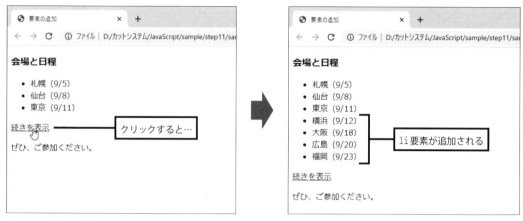

図11-1　要素の追加

▼ sample11-1.html

```
1   <!DOCTYPE html>
2
3   <html lang="ja">
4
5   <head>
6   <meta charset="UTF-8">
7   <title>要素の追加</title>
8   <style>
9     #continue{
10      color: blue;
11      text-decoration: underline;
12      cursor: pointer;           ──  マウスポインタの形状を
13    }                                「人の手」に指定
14  </style>
15  </head>
16
17  <body>
18  <h3>会場と日程</h3>
19  <ul id="schedule">
20    <li>札幌（9/5）</li>
21    <li>仙台（9/8）</li>
22    <li>東京（9/11）</li>
23  </ul>
24  <span id="continue" onclick="showList()">続きを表示</span>
25  <p>ぜひ、ご参加ください。</p>
26
```

```
27   <script>
28   function showList() {
29     let ulBox = document.getElementById('schedule');
30     ulBox.insertAdjacentHTML('beforeend', '<li>横浜 (9/12) </li>');
31     ulBox.insertAdjacentHTML('beforeend', '<li>大阪 (9/18) </li>');
32     ulBox.insertAdjacentHTML('beforeend', '<li>広島 (9/20) </li>');
33     ulBox.insertAdjacentHTML('beforeend', '<li>福岡 (9/23) </li>');
34   }
35   </script>
36
37   </body>
38
39   </html>
```

ul要素を取得し、ulBoxに代入

li要素の追加

　この例では、<button> ～ </button> ではなく、<span> ～ </span> に onclick イベントを追加して JavaScript を実行しています。9～13行目の CSS は、この span 要素の書式を指定するための記述です。

　29行目で ul 要素を取得し、変数 ulBox に代入します。その後、insertAdjacentHTML() で4つの li 要素を追加しています（30～33行目）。要素を追加する位置に 'beforeend' が指定されているため、それぞれの li 要素は「ul 要素の中」に「最後の子要素」として挿入されます。

　同様の処理を配列を利用して行うことも可能です。以下の例では、それぞれの li 要素に表示する文字を配列 list で指定しています。このように「+」を使った「文字の足し算」により **'追加する HTML'** の部分を記述しても構いません。

▼ **sample11-2.html**

```
          ⋮
27   <script>
28   let list = ['横浜 (9/12) ', '大阪 (9/18) ', '広島 (9/20) ', '福岡 (9/23) '];
29   function showList() {
30     let ulBox = document.getElementById('schedule');
31     ulBox.insertAdjacentHTML('beforeend', '<li>' + list[0] + '</li>');
32     ulBox.insertAdjacentHTML('beforeend', '<li>' + list[1] + '</li>');
33     ulBox.insertAdjacentHTML('beforeend', '<li>' + list[2] + '</li>');
34     ulBox.insertAdjacentHTML('beforeend', '<li>' + list[3] + '</li>');
35   }
36   </script>
          ⋮
```

li要素に表示する文字

「文字の足し算」によりHTMLを指定

11.2　要素を追加するときの注意点

　11.1節では、insertAdjacentHTML()を使って要素を追加する方法を2つ紹介しました。しかし、これらのJavaScriptには不具合が残っていることに注意してください。たとえば、「続きを表示」をクリックしてli要素を追加した後に、さらに「続きを表示」をクリックすると、同じli要素が何回も繰り返して追加されてしまいます。

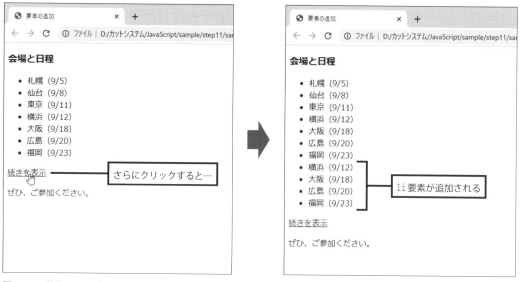

図11-2　動作の不具合

　このような結果になるのは、「続きを表示」をクリックするたびに関数showList()が呼び出され、insertAdjacentHTML()が何回も実行されてしまうことが原因です。insertAdjacentHTML()を使用するときは、このような不具合が発生しやすいことに注意してください。

11.3　要素の削除

　先ほど紹介した不具合を解消するには、li要素を追加した後に「続きを表示」のspan要素を削除してしまうのが効果的です。すると、「続きを表示」がWebページに表示されなくるため、2回以上クリックすることは不可能になります。

　Webページから要素を削除するときは**remove()**という命令文を使用し、以下のようにJavaScriptを記述します。

　　取得した要素.remove();

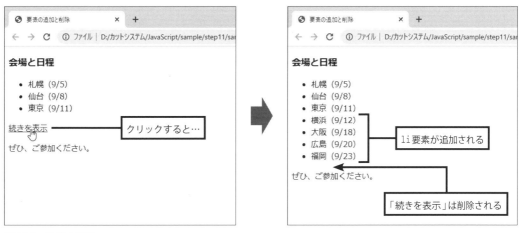

図11-3　要素の削除

　今回の例では、「続きを表示」のspan要素に"continue"というID名が指定されています。よって、document.getElementById() でspan要素を取得し、この要素に対してremove()を実行すると、「続きを表示」のspan要素を削除できます。

▼sample11-3.html

```
       ：
18   <h3>会場と日程</h3>
19   <ul id="schedule">
20     <li>札幌（9/5）</li>
21     <li>仙台（9/8）</li>
22     <li>東京（9/11）</li>
23   </ul>
24   <span id="continue" onclick="showList()">続きを表示</span>
25   <p>ぜひ、ご参加ください。</p>
26
27   <script>
28   let list = ['横浜（9/12）', '大阪（9/18）', '広島（9/20）', '福岡（9/23）'];
29   function showList() {
30     let ulBox = document.getElementById('schedule');
31     ulBox.insertAdjacentHTML('beforeend', '<li>' + list[0] + '</li>');
32     ulBox.insertAdjacentHTML('beforeend', '<li>' + list[1] + '</li>');
33     ulBox.insertAdjacentHTML('beforeend', '<li>' + list[2] + '</li>');
34     ulBox.insertAdjacentHTML('beforeend', '<li>' + list[3] + '</li>');
35     document.getElementById('continue').remove();
36   }
37   </script>
       ：
```

span要素のID名は "continue"

ID名 'continue' で要素を取得し、remove() で削除

演 習

（1）以下のようにHTMLを記述し、ボタンをクリックすると、div要素の中に8枚の写真を一覧表示するJavaScriptを作成してみましょう。

```
    ⋮
<body>
<h1>写真の一覧</h1>
<p>以下のボタンをクリックすると、写真が一覧表示されます。</p>
<div id="photos">
   <button onclick="showPhotos()">写真を表示</button>
</div>

                    ┌─────────────────────────┐
        ◀───────────│ ここに関数showPhotos()を作成 │
</body>             └─────────────────────────┘
    ⋮
```

クリックすると…

8枚の写真が表示される
「photo_1.jpg」～「photo_8.jpg」

※ この演習で使用する画像は、以下のURLからダウンロードできます。
　http://cutt.jp/books/978-4-87783-807-2/
※ insertAdjacentHTML()を使用し、'afterbegin'の位置にimg要素を追加していきます。

（2）写真を表示した後、「写真を表示」ボタンを削除するようにJavaScriptを改良してみましょう。
　※ button要素に適当なID名を指定し、remove()で削除します。

Step 12 繰り返し処理－1

同じような処理を何回も繰り返すときは、forを使って繰り返し処理を行うと、効率よくプログラムを記述できます。ステップ12では、繰り返し処理の使い方を学習します。

12.1 繰り返し処理とは？

　繰り返しの命令文**for**を使うと、{………} の中に記述されているJavaScriptを何回も実行できるようになります。処理を繰り返す回数は変数でカウントし、変数が指定した条件になるまで繰り返し処理が継続されます。この変数をiとした場合、処理を繰り返す回数は以下の3項目で決定されます。

　　① 変数iの初期値
　　② 繰り返しを継続する条件
　　③ 処理を1回実行する毎に、変数iの値をどのように変化させるか

たとえば、以下のように3項目を指定すると、繰り返し処理は全部で5回実行されます。

　　① 変数iの初期値は1
　　② 変数iが5以下のときは処理を繰り返す
　　③ 処理を1回実行する毎に、変数iの値に1を足す

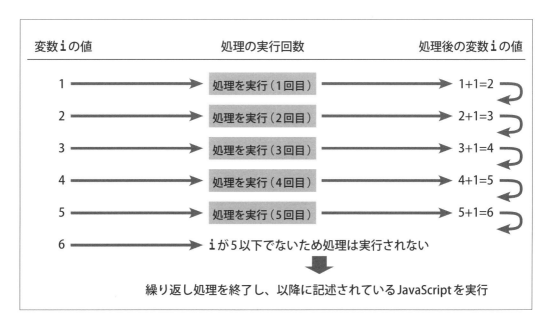

12.2 for文の記述方法

続いては、繰り返し処理の記述方法を解説していきます。繰り返し処理を行うときは**for**を使用し、カッコ内に「繰り返し回数を指定する3項目」を「**;**」（セミコロン）で区切って記述します。続いて、**{………}** の中に繰り返して実行するJavaScriptを記述します。

```
for （変数の初期値； 繰り返し条件； 変数の変化） {
        ⋮
    （繰り返して実行する処理）
        ⋮
}
```

■変数の初期値

繰り返し回数をカウントする変数を「**let 変数名＝初期値**」で宣言します。

■繰り返し条件

繰り返しを継続する条件を**比較演算子**で指定します。比較演算子については、12.3節で詳しく解説します。

■変数の変化

処理を1回実行する毎に「変数の値をどのように変化させるか？」を指定します。**変数名++**（インクリメント）を記述すると、変数の値が1ずつ加算されていきます。変数の値を2ずつ加算させる場合は、「**i=i+2**」のように**代入文**を使って変化させる方法を指定します。

たとえば、for(let i=1; i<=5; i++) {………}と記述した場合は、変数i=1、2、3、4、5の計5回、処理が繰り返して実行されます。for(let i=7; i>=0 ; i=i-2) {………}と記述した場合は、i=7、5、3、1の計4回、処理が繰り返して実行されます。

12.3 比較演算子

繰り返し処理を行うときは、**比較演算子**を記述する必要があります。JavaScriptで使用できる主な比較演算子は、次ページに示した6種類です。for文の繰り返し条件には**>**、**<**、**>=**、**<=** の4種類がよく利用されます。

比較演算子を利用するときは、「○○より大きい」と「○○以上」の違いをよく認識しておく必要があります。「○○より小さい」と「○○以下」も同様です。これらを間違えると、繰り返し回数が予想外の結果になる場合があります。十分に注意してください。

■ JavaScriptで使用できる比較演算子

演算子	記述例	意味
==	a == b	aとbが**等しい**場合
!=	a != b	aとbが**等しくない**場合
>	a > b	aがb**より大きい**場合
<	a < b	aがb**より小さい**場合
>=	a >= b	aがb**以上**の場合
<=	a <= b	aがb**以下**の場合

12.4　繰り返し処理の例（1）

　それでは、繰り返し処理を使ったJavaScriptの例を紹介していきましょう。以下は、1～100の整数を合計した結果を表示するJavaScriptの例です。

▼sample12-1.html

```
        ⋮
11  <h1>整数の合計</h1>
12  <p>ボタンをクリックすると、1～100を合計した結果を表示します。</p>
13  <button onclick="add100()">計算結果</button>
14
15  <script>                 ┌─ 変数anserに0を代入 ─┐
16  function add100() {
17    let anser = 0;
18    for (let i = 1; i <= 100; i++) {
19      anser = anser + i;          繰り返し処理
20    }                             （i=1、2、3、……、100）
21    alert('1～100を合計すると' + anser + 'になります。');
22  }
23  </script>
        ⋮
```

　まずは、計算結果を管理する変数anserを宣言し、その初期値として0を代入しておきます。続いて、18～20行目の繰り返し処理で1～100の足し算を計算します。ここでは、変数anserに変数iを足し算する処理（19行目）が繰り返し実行されます。変数iの値は1から100まで1ずつ増えていくため、anserの最終的な値は1＋2＋3＋4＋…… ＋99＋100となります。その後、alert()で変数anserの値を表示すると、1～100の合計を表示できます（21行目）。

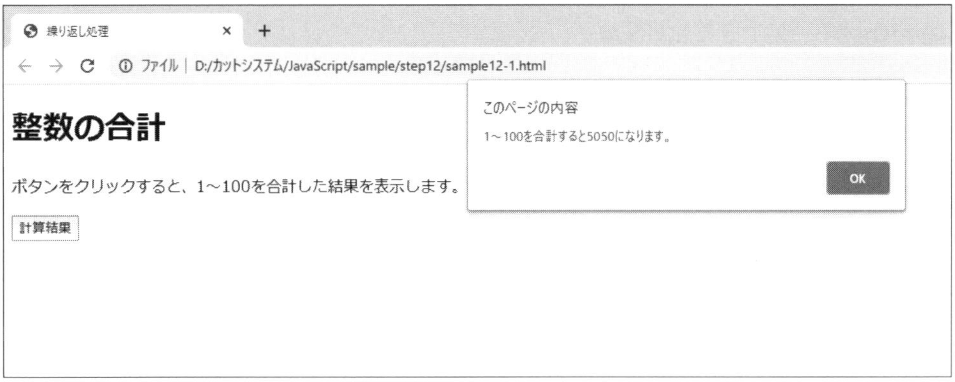

図12-1　繰り返し処理の例（1〜100の合計）

12.5　繰り返し処理の例（2）

　より実用的な例も示しておきましょう。以下は、P60〜61で紹介したsample11-3.htmlをfor文を使って書き直した例です。31〜33行目のfor文で繰り返し処理が実行されるため、insertAdjacentHTML()を何回も記述しなくても4個のli要素を追加できます。

▼ sample12-2.html

```
       ⋮
18  <h3>会場と日程</h3>
19  <ul id="schedule">
20    <li>札幌（9/5）</li>
21    <li>仙台（9/8）</li>
22    <li>東京（9/11）</li>
23  </ul>
24  <span id="continue" onclick="showList()">続きを表示</span>
25  <p>ぜひ、ご参加ください。</p>
26
27  <script>
28  let list = ['横浜（9/12）', '大阪（9/18）', '広島（9/20）', '福岡（9/23）'];
29  function showList() {
30    let ulBox = document.getElementById('schedule');
31    for (let i = 0; i < list.length; i++) {
32      ulBox.insertAdjacentHTML('beforeend', '<li>' + list[i] + '</li>');
33    }
34    document.getElementById('continue').remove();
35  }
36  </script>
       ⋮
```

条件は「list.lengthより小さい」

配列list[i]の値を
li要素として表示

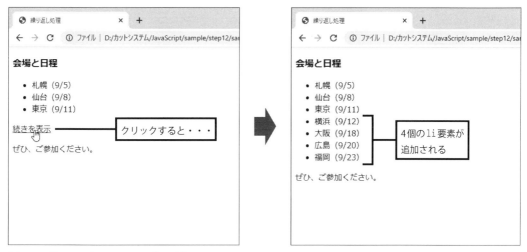

図12-2　繰り返し処理による要素の追加

　　ここでは、for文の繰り返し条件に「i < list.length」を指定しています（31行目）。
list.lengthは**配列の長さ**を示すものです（P37参照）。今回の例では配列listに4個のデー
タがあるため、list.lengthの値は4になります。よって、条件は「iが4より小さい」となり、
i=0、1、2、3の計4回、処理が繰り返されます。

　　単純に「i < 4」と記述したほうが簡単ですが、「i < list.length」のように記述しておく
と、データ数が増減した場合にも対応できるようになります。

　　以下は、追加するデータの数を6個に増やした場合の例です。この場合、list.lengthの値
は6になるため、条件を書き直さなくてもi=0、1、2、3、4、5の計6回、処理が繰り返される
ことになります。

▼ sample12-3.html

```
       ⋮
27  <script>
28  let list = ['横浜（9/12)', '大阪（9/18)', '広島（9/20)', '福岡（9/23)',
29           '熊本（9/25)', '那覇（9/28)'];
30  function showList() {
31    let ulBox = document.getElementById('schedule');
32    for (let i = 0; i < list.length; i++) {
33      ulBox.insertAdjacentHTML('beforeend', '<li>' + list[i] + '</li>');
34    }
35    document.getElementById('continue').remove();
36  }
37  </script>
       ⋮
```

（28〜29行目に「データを2個追加」の注記あり）

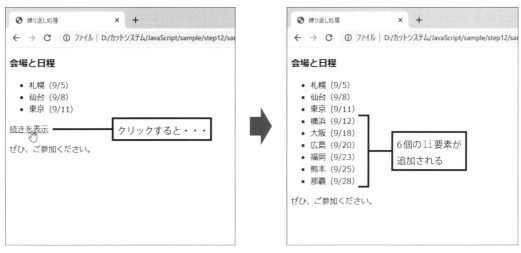

図12-3　繰り返し処理による要素の追加

　少し上級者向けのテクニックとなりますが、繰り返し条件に**配列名.length**を利用する方法
も覚えておいてください。

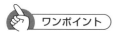
ワンポイント

カウンタ変数に小数を使用しない

　たとえば、以下のようにfor文を記述すると、変数iは0.1、0.2、0.3、……、0.9と変化
していき、全部で9回の処理が実行されると予想されます。条件に「1.0より小さい」を指定し
ているため、i=1.0（10回目）の処理は実行されないはずです。

```
for (let i = 0.1; i < 1.0; i = i + 0.1) {
  console.log(i);
}
```

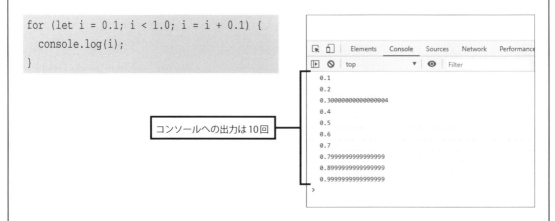

　しかし、実際には10回目の処理も実行されてしまいます。コンピュータの数値計算は、その
仕組み上、小数点以下に微小な誤差が生じる場合があります。このため、9回目の処理を実行し
た後も、変数iは1.0をわずかに下回ってしまい、10回目の処理が実行されてしまうのです。
このようなミスを防ぐためにも、カウンタ変数は「整数の範囲内」で変化させるのが基本です。

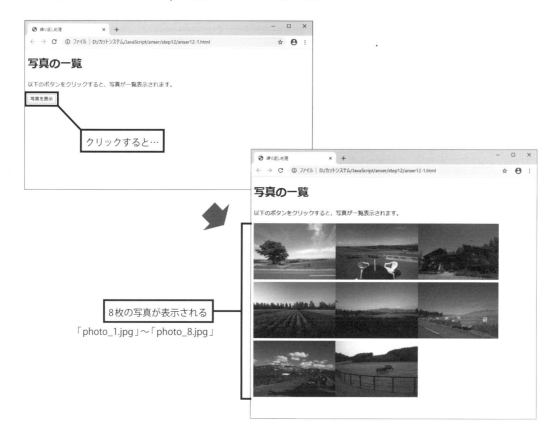

演　習

（1）ステップ11の演習（2）で作成したHTMLファイルを開き、`insertAdjacentHTML()`の記述が1回で済むように、JavaScriptを書き直してみましょう。

クリックすると…

8枚の写真が表示される
「photo_1.jpg」～「photo_8.jpg」

※ 繰り返し処理により、1つの`insertAdjacentHTML()`で8個の`img`要素を追加するように`for`文を記述します。

※ ① 変数`i`の初期値は「8」、② 繰り返し条件は「変数`i`が1以上」、③ 変数の変化は「`i--`」（デクリメント）を指定します。

※ `insertAdjacentHTML()`の**'追加するHTML'**の部分は、以下のように記述して、画像のファイル名を変化させます。

```
'<img src="photo_' + i + '.jpg">'
```

Step 13 繰り返し処理－2

ステップ13では、多重ループの繰り返し処理について学習します。さらに、JavaScriptで表を作成する方法も紹介しておきます。繰り返し処理の活用例として参考にしてください。

13.1 2重ループの繰り返し処理

for文を**入れ子**にして記述すると、2重ループの繰り返し処理を作成できます。ここでは、「変数iの繰り返し処理」の中に「変数jの繰り返し処理」を記述した場合について考えてみましょう。

```
for (let i = 1; i <= 3; i++) {
    ⋮
    ⋮  【処理A】
    ⋮
  for (let j = 1; j <= 8; j++) {
      ⋮
      ⋮  【処理B】
      ⋮
  }
    ⋮
    ⋮  【処理C】
    ⋮
}
```

変数jの繰り返し処理

変数iの繰り返し処理

上記のように記述した場合、「変数iの繰り返し処理」はi=1、2、3と変化するため、【処理A】と【処理C】はそれぞれ3回ずつ実行されます。さらに、この中にある「変数jの繰り返し処理」は、i=1のときにj=1〜8の8回、i=2のときにj=1〜8の8回、i=3のときにj=1〜8の8回、と実行されていくため、【処理B】は全部で24回も実行されることになります。

多重ループの繰り返し処理を利用するときは、「それぞれの処理がどのような順番で実行されるか？」をよく考えてJavaScriptを記述しなければなりません。もちろん、同様の考え方で、3重ループ、4重ループの繰り返し処理を作成することも可能です。

13.2　多重ループを使った表の作成

　ここでは、多重ループの繰り返し処理を活用した例として、JavaScriptで「九九の表」を作成する方法を紹介します。少しだけ難しくなりますが、処理の流れを順番に追っていけば内容を理解できると思います。

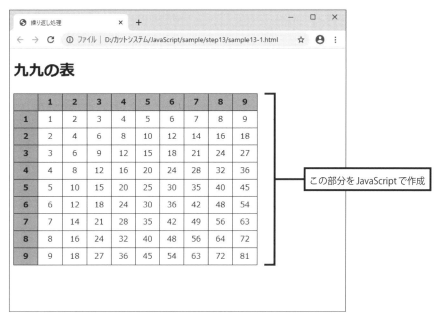

図13-1　JavaScriptで作成した表

　まずは、HTMLとCSSが中心となる部分の記述から紹介していきます。

▼ **sample13-1.html**

```
 1   <!DOCTYPE html>
 2
 3   <html lang="ja">
 4
 5   <head>
 6   <meta charset="UTF-8">
 7   <title>繰り返し処理</title>
 8   <style>
 9     table {
10       border-collapse: collapse;
11     }
12     td, th {
13       border: solid 1px #000000;
14       width: 40px;
```

CSSの指定

```
15       padding: 5px;
16       text-align: center;
17     }
18     th {
19       background-color: #99CCCC;
20     }
21   </style>
22   </head>
23
24   <body onload="createTable()">
25   <h1>九九の表</h1>
26   <table>
27     <thead id="t_head"></thead>        それぞれにID名を指定
28     <tbody id="t_body"></tbody>
29   </table>
      ⋮
```

　8〜21行目は、表に関連する要素のCSSを指定している部分です。表を作成するtable要素は26〜29行目に記述されています。ただし、表の「ヘッダー行」となるthead要素と、「データ部分」となるtbody要素しか記述していません。表内のtr要素やth要素、td要素はJavaScriptで作成します。

　なお、今回は、body要素にonloadイベントを指定して関数createTable()を呼び出しているため、Webページが表示された直後にJavaScriptが実行されます。

　続いては、表を作成するJavaScriptの記述を紹介します。

▼sample13-1.html

```
      ⋮
30
31   <script>
32   function createTable() {
33
34     // ---------------- ヘッダー行の作成 ----------------
35     let row = '<tr><th></th>';
36     for (let j = 1; j <= 9; j++) {
37       row = row + '<th>' + j + '</th>';        「見出しセル」の追加
38     }
39     row = row + '</tr>';                                             tr要素を追加
40     document.getElementById('t_head').insertAdjacentHTML('beforeend', row);
      ⋮
```

まずは、35～40行目で表の「ヘッダー行」を作成します。

・35行目
この例では「ヘッダー行のHTML」を変数rowで管理します。最初に、行の開始を示す<tr>と、先頭の空白セル<th></th>を変数rowに代入します。

・36～38行目
文字の足し算を利用して、「1」～「9」の「見出しセル」（th要素）を変数rowに追加していきます。この繰り返し処理はj=1、2、3、……、9と変化していくため、<th>1</th>、<th>2</th>、<th>3</th>、……、<th>9</th>の文字が順番に変数rowに追加されていきます。

・39行目
変数rowに</tr>を追加して「ヘッダー行」のHTMLを完成させます。

・40行目
document.getElementById()でthead要素を取得し、その中にinsertAdjacentHTML()でtr要素を追加します。tr要素の記述は変数rowに代入されているため、'追加するHTML'の部分に変数rowを指定すると、tr要素を追加できます。

　ここまでの処理が済むと、Webページに以下の「ヘッダー行」が表示されます。

図13-2　JavaScriptにより作成された「ヘッダー行」

続いては、表の「データ部分」を作成するJavaScriptです。基本的な考え方は「ヘッダー行」の作成と同じですが、繰り返し処理が2重ループになるため、少し複雑になります。

▼ sample13-1.html

```
41
42       // ---------------- データ部分の作成 ----------------
43    for (let i = 1; i <= 9 ; i++) {
44      let row = '<tr><th>' + i + '</th>';
45      for (let j = 1; j <= 9; j++) {
46        row = row + '<td>' + i*j + '</td>';          ── セルの追加
47      }
48      row = row + '</tr>';
49      document.getElementById('t_body').insertAdjacentHTML('beforeend', row);  ─
50    }
51                                                                        tr要素を9回追加
52 }
53 </script>
54
55 </body>
56
57 </html>
```

・43 ～ 50行目（変数iの繰り返し処理、行の作成）
それぞれの行（tr要素）を作成する処理です。変数iは1～9まで変化するため、全部で9個の行（tr要素）が追加されます。

・44行目
今回も「各行のHTML」を変数rowで管理します。最初に、行の開始を示す<tr>と、左端の「見出しセル」（th要素）を変数rowに代入します。<th>～</th>の中に変数iを指定しているため、「見出しセル」の文字は1、2、3、……、9と変化していきます。

・45 ～ 47行目（変数jの繰り返し処理、セルの作成）
各行のセル（td要素）を変数rowに追加していく部分です。jが1～9まで変化するため、全部で9個のセル（td要素）が追加されます。

・46行目
文字の足し算を利用して、変数rowに<td>～</td>を追加します。<td>～</td>の中にi*jを指定しているため、「変数iと変数jを掛け算した結果」が各セルに表示されます。

74

・48行目

変数rowに</tr>を追加して「各行」のHTMLを完成させます。

・49行目

document.getElementById()でtbody要素を取得し、insertAdjacentHTML()でtr要素を追加します。この処理は全部で9回実行されます（i=1～9）。要素を追加する位置に'beforeend'を指定しているため、tbody要素内の末尾に、tr要素（変数rowのHTML）が追加されていきます。

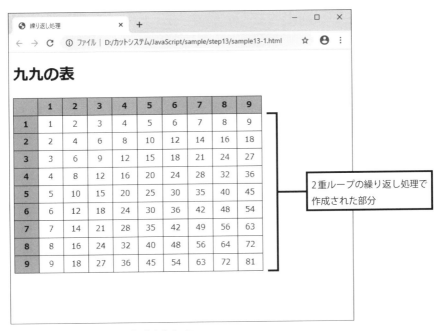

図13-3　JavaScriptにより作成された表

　以上が、ここで紹介したJavaScriptの基本的な考え方です。普通にHTMLを記述して表を作成することも可能ですが、この場合はtr要素やth要素、td要素を何回も記述しなければなりません。規則性のある表は「JavaScriptでも作成できる」と覚えておくと、便利に活用できるでしょう。

演 習

（1）sample13-1.htmlを参考に、以下のような表をJavaScriptで作成してみましょう。

※ 表に関連する要素のCSSは、以下のように指定します。

```
table {
  border-collapse: collapse;
}
td, th {
  border: solid 1px #000000;
  width: 80px;
  padding: 10px;
}
```

```
th {
  background-color: #99CCCC;
}
td {
  text-align: right;
}
```

※ 以下の配列を宣言し、各セルの作成に利用します。

```
let name = ['大人', '高校生', '中学生', '小学生'];
let price = [800, 680, 450, 380];
```

※ ヘッダー行のセルは、変数jを0〜3に変化させる繰り返し処理で作成します。
※ データ部分の各行は、変数iを1〜5に変化させる繰り返し処理で作成します。
※ データ部分のセルは、変数jを0〜3に変化させる繰り返し処理で作成します。
※ 各セルに表示する料金は、i*price[j]で計算します。

Step 14 条件分岐－1

ステップ14では、条件に応じて処理を分岐させる方法を解説します。このような場合は、if文を使います。プログラムの作成に欠かせない機能となるので、使い方をよく学んでおいてください。

14.1 条件分岐とは？

条件分岐を使うと、条件に応じて実行する処理を変化させることが可能となります。たとえば、変数xの値が3の場合は「正解！」と表示し、そうでない場合は「間違い！」と表示する、といった処理をJavaScriptで実現できるようになります。

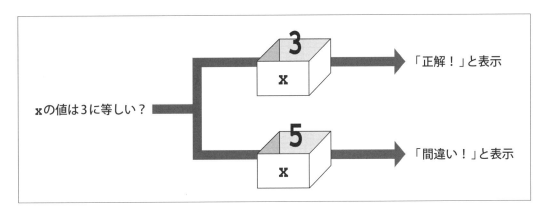

14.2 if文の記述方法

条件分岐を行うときは、以下のように**if**文を記述します。

    if (条件式) {………}

条件式の部分には、**比較演算子**を使って条件を記述します。続いて、**{………}** の部分に**条件を満たす場合の処理**を記述します。

たとえば、以下のようにif文を記述すると、変数xの値が3の場合のみ「正解！」というメッセージが表示されます。変数xの値が3でなかった場合は何も実行されません。

```
if (x == 3) {
  alert('正解！');
}
```

 **ワンポイント**

文字の条件式

　文字を条件にして if 文を記述することも可能です。たとえば、変数 str の値が「日本」の場合という条件を指定するときは、以下のように if 文を記述します。

```
if (str == '日本') {
        ：
    【条件を満たす場合の処理】
        ：
}
```

文字が等しい（または等しくない）を条件式にするときは、その文字を「'」または「"」で囲むのを忘れないようにしてください。

14.3　if ～ else で処理を2つに分岐

　先ほど示した if 文は、変数 x の値が3でない場合に「不正解！」と表示することができません。これを実現するには **else 文**を追加し、**条件を満たさない場合の処理**も記述します。これで条件に応じて処理を2つに分けることが可能となります。

```
if ( 条件式 ) {
    【条件を満たす場合の処理】（真の処理）
} else {
    【条件を満たさない場合の処理】（偽の処理）
}
```

```
if ( x==3 ) {
  alert('正解！');
} else {
  alert('間違い！');
}
```

　なお、JavaScript では、条件を満たす場合を**真**（**true**）、条件を満たさない場合を**偽**（**false**）といいます。これらの用語もよく利用されるので覚えておいてください。

14.4 if～else文のサンプルプログラム

　それでは、実際の記述例を紹介していきましょう。以下は、クリックしたボタンに応じて「表示する文字」を変化させるJavaScriptの例です。

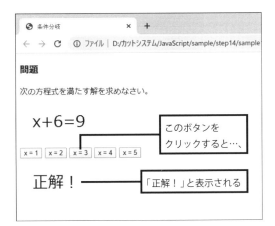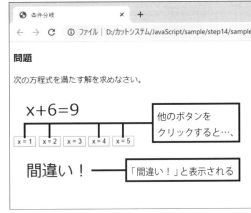

図14-1　条件分岐の例

▼sample14-1.html

```
        ⋮
 5   <head>
 6   <meta charset="UTF-8">
 7   <title>条件分岐</title>
 8   <style>
 9     .big_font {
10       font-size: 32px;
11       margin: 25px;
12     }
13   </style>
14   </head>
15
16   <body>
17   <h3>問題</h3>
18   <p>次の方程式を満たす解を求めなさい。</p>
19   <p class="big_font">x+6=9</p>
20   <button onclick="check(1)">x = 1</button>
21   <button onclick="check(2)">x = 2</button>
22   <button onclick="check(3)">x = 3</button>
23   <button onclick="check(4)">x = 4</button>
24   <button onclick="check(5)">x = 5</button>
25   <div id="message" class="big_font"></div>
```

引数を指定して関数check()を呼び出す

```
26
27  <script>                        ┌─────────────────────┐
                                     │ 引数を変数xで受け取る │
28  function check(x) {             └─────────────────────┘
                            ┌──────────────┐
29    if (x == 3) {         │ 条件分岐のif文 │
                            └──────────────┘
30      document.getElementById('message').textContent = '正解！';  ──┐  ┌──────────────┐
                                                                       └──│ 真の場合の処理 │
31    } else {                                                            └──────────────┘
32      document.getElementById('message').textContent = '間違い！';  ──┐  ┌──────────────┐
                                                                        └──│ 偽の場合の処理 │
33    }                                                                    └──────────────┘
34  }
35  </script>
36
37  </body>
      ⋮
```

・20〜24行目

どのボタンをクリックしたときも関数check()が呼び出されます。各ボタンの数値が引数として関数check()に渡されます。

・25行目

結果を表示するdiv要素を用意しておきます。<div>〜</div>の内容は空なので、最初は何も表示されません。ID名には"message"を指定しています。

・28行目

関数check()が呼び出されると、引数が変数xに代入されます。よって、変数xの値に応じて条件分岐を行います。

・29行目

if文で条件分岐を行います。条件式は(x==3)なので、変数xの値が3の場合のみ{………}の処理が実行されます。

・30行目

条件を満たす場合の処理(**真の処理**)です。document.getElementById()でdiv要素を取得し、.textContentで文字を「正解！」に書き換えます。

・31行目

変数xが条件式(x==3)を満たさない場合の処理を指定するために、else文を追加しています。

・32行目

条件を満たさない場合の処理(**偽の処理**)です。document.getElementById()でdiv要素を取得し、.textContentで文字を「間違い！」に書き換えます。

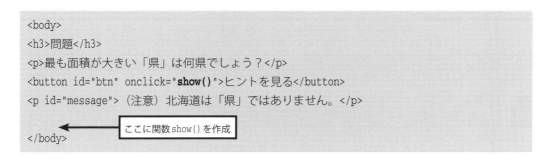

演習

（1）以下のようにHTMLを記述し、ボタンをクリックした回数に応じて、実行する処理を分岐させてみましょう。

```
<body>
<h3>問題</h3>
<p>最も面積が大きい「県」は何県でしょう？</p>
<button id="btn" onclick="show()">ヒントを見る</button>
<p id="message">（注意）北海道は「県」ではありません。</p>

                    ← ここに関数show()を作成
</body>
```

■最初の表示

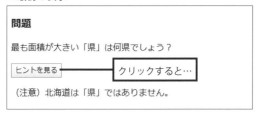

■クリック1回目の表示

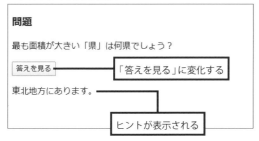

■クリック2回目以降の表示

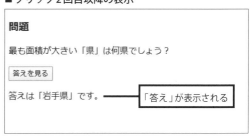

※ ボタンをクリックした回数をカウントする変数clickTimesを宣言し、その初期値に0を代入しておきます。

※ 関数show()では、最初に変数clickTimesの値を1つ増加し（clickTimes++）、変数clickTimesの値に応じて以下のように処理を分岐させます。

■clickTimesの値が1の場合
・button要素の文字を「答えを見る」に書き換える
・ID名が'message'のp要素を『東北地方にあります。』に書き換える

■そうでない場合
・ID名が'message'のp要素を『答えは「岩手県」です。』に書き換える

Step 15 条件分岐－2

ステップ15では、条件に応じて処理を3つ以上に分ける条件分岐について学習します。また、複数の条件式をつなぐ論理演算子やswitch文の使い方も学習します。

15.1 else ifで処理を3つ以上に分岐

ステップ14では、if ～ elseを使って条件分岐を行う方法を学習しました。ただし、この方法で分岐できる処理は「真」と「偽」の2つしかありません。処理を3つ以上に分けるときは、以下のように**else if**を使用します。

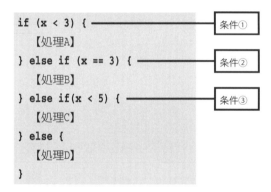

```
if (x < 3) {          ──── 条件①
    【処理A】
} else if (x == 3) {  ──── 条件②
    【処理B】
} else if(x < 5) {    ──── 条件③
    【処理C】
} else {
    【処理D】
}
```

上記のJavaScriptを記述した場合、条件分岐は以下のような流れになります。

・条件①
最初のif文で「変数xが3より小さいか？」が判定されます。3より小さかった場合は【処理A】が実行されます（【処理B】～【処理D】は実行されません）。

・条件②
変数xが3以上の場合は【処理A】が実行されず、次の**else if**で「変数xが3と等しいか？」が判別されます。3と等しかった場合は【処理B】が実行されます（【処理C】と【処理D】は実行されません）。

・条件③
変数xが3と等しくなかった場合は【処理B】も実行されず、次の**else if**で「変数xが5より小さいか？」が判定されます。5より小さかった場合は【処理C】が実行されます（【処理D】は実行されません）。

・その他

変数xが条件①〜③を3つとも満たさなかった場合は【処理D】が実行されます。

これを処理別にまとめると、以下のようになります。

【処理A】…………… 変数xが**3より小さい場合**に実行される

【処理B】…………… 変数xが**3と等しい場合**に実行される

【処理C】…………… 変数xが**3より大きく、5より小さい場合**に実行される

【処理D】…………… 変数xが**5以上の場合**に実行される

■**変数xと実行される処理の関係**

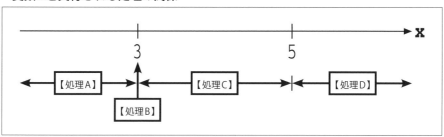

 ワンポイント

条件式を記述する順番

先ほどの例の「条件①」と「条件③」を入れ替えて記述すると、実行される処理は以下のように変化してしまいます。

```
if (x < 5) {
    【処理C】
} else if (x == 3) {
    【処理B】
} else if(x < 3) {
    【処理A】
} else {
    【処理D】
}
```

たとえば、変数xが3であった場合、最初のif文（5より小さい）により【処理C】が実行されます。このため、【処理B】は実行されません。同様に、【処理A】も絶対に実行されない処理となります。というのも、変数xが3より小さい場合、（5より小さい）の条件を必ず満たしてしまうからです。else ifで3つ以上の条件分岐を行うときは、このようなミスが生じないように、条件式を記述する順番にも注意しなければなりません。

15.2 else ifのサンプルプログラム

else ifを使った具体的な例を示しておきましょう。以下は、レストランを予約する際に、人数に応じてメッセージを変化させるJavaScriptの例です。クリックしたボタンに応じてメッセージは図のように変化します。

■1人の場合

このページの内容

1人の場合は「カウンター席」へご案内します。

OK

「カウンター席」と表示される

■2〜4人の場合

このページの内容

3人の場合は「テーブル席」へご案内します。

OK

「テーブル席」と表示される

■5〜8人の場合

このページの内容

6人の場合は「個室」へご案内します。

OK

「個室」と表示される

図15-1　処理を3つに分ける条件分岐の例

▼sample15-1.html

```
        ⋮
10  <body>
11  <h1>レストランの予約</h1>
12  <p>人数を選択してください。</p>
13  <button onclick="showMsg(1)">1人</button>
14  <button onclick="showMsg(2)">2人</button>
15  <button onclick="showMsg(3)">3人</button>
16  <button onclick="showMsg(4)">4人</button>
17  <button onclick="showMsg(5)">5人</button>
18  <button onclick="showMsg(6)">6人</button>
19  <button onclick="showMsg(7)">7人</button>
20  <button onclick="showMsg(8)">8人</button>
21
```

引数を指定して関数showMsg()を呼び出す

```
22  <script>                          ┌──────────────────────┐
                                      │ 引数を変数nで受け取る │
23  function showMsg(n) {             └──────────────────────┘
24    let text; ───────────┐ ┌──────────────┐
                            └─┤ 変数textを宣言 │
25    if (n == 1) {           └──────────────┘
26      text = n + '人の場合は「カウンター席」へご案内します。'; ─┐ ┌─────────────────┐
                                                               └─┤ nが1の場合の処理 │
27    } else if (n <= 4) {                                        └─────────────────┘
28      text = n + '人の場合は「テーブル席」へご案内します。'; ───┐ ┌───────────────────┐
                                                                 └─┤ nが2〜4の場合の処理 │
29    } else {                                                      └───────────────────┘
30      text = n + '人の場合は「個室」へご案内します。'; ──┐ ┌──────────────────┐
                                                          └─┤ nが5以上の場合の処理 │
31    }                                                      └──────────────────┘
32    alert(text);
33  }
34  </script>
35
36  </body>
      ⋮
```

　各ボタンをクリックすると、人数を示す数値（1〜8）が引数として関数showMsg()に渡されます。関数showMsg()では、引数を変数nで受け取り、nの値に応じて実行する処理を3つに分岐させています。それぞれの処理では、変数textに「表示する文字」を代入します。最後に、alert()で変数textの値を表示します。

　else ifの仕組みを理解できていれば、特に難しいプログラムではないと思います。ただし、変数textを宣言する位置に注意しなければなりません。上記の例では、24行目で変数textを宣言しています。

　これを以下のようにif 〜 else if 〜 elseの中で宣言してしまうと、エラーが発生します。これは**変数のスコープ**に関わる問題です。

▼エラーが発生する記述例

```
      ⋮
23  function showMsg(n) {
24
25    if (n == 1) {
26      let text = n + '人の場合は「カウンター席」へご案内します。'; ─┐
27    } else if (n <= 4) {                                            │
28      let text = n + '人の場合は「テーブル席」へご案内します。'; ───┤
29    } else {                                                        │
30      let text = n + '人の場合は「個室」へご案内します。'; ─────────┤
31    }                                                               │
32    alert(text); ─┐ ┌─────────────────┐       ┌──────────────────┐│
                    └─┤ ここで変数textを使用 │       │ ここで変数textを宣言 │┘
33  }                 └─────────────────┘       └──────────────────┘
      ⋮
```

letで宣言した変数は、**同じ｛………｝の中だけで有効**となります。前ページのように、if (n==1)｛………｝の中で変数textを宣言すると、変数textはif (n==1)｛………｝の中だけで有効となります。

　一方、メッセージを表示するalert(text)は、if (n==1)｛………｝の外にあります。この場合、変数textは無効（スコープ外）になるため、「text is not defined」（変数textが宣言されていない）というエラーが発生します。

　この問題を回避するには、alert(text)と同じ｛………｝の中で変数textを宣言しておく必要があります。sample15-1.htmlのように24行目で変数textを宣言しておくと、同じ｛………｝の中にある32行目でも変数textを使えるようになります。

 ワンポイント

変数をvarで宣言する

　変数を宣言するときに、**let**の代わりに**var**を使うことも可能です。たとえば、textという変数を宣言するときは、

```
var text;
```

と JavaScriptを記述します。値の代入も同時に行うときは、

```
var text = 値;
```

と記述します。varで変数を宣言すると、その変数を｛………｝の外でも使用できるようになります。ただし、「関数の中」で宣言した変数を「関数の外」で使用することはできません。これは変数をletで宣言した場合と同じです。

15.3　論理演算子

　続いては、変数xが「3以上」かつ「5以下」のように、少し複雑な条件を指定する方法を解説します。このような条件分岐を実現する方法として、以下のようにif文を**入れ子**にして記述する方法が考えられます。

xが「3以上」の場合

```
if (x >= 3) {
  if (x <= 5) {
    【3以上かつ5以下の場合の処理】
  }
}
```

さらに、xが「5以下」の場合

ただし、この方法では、変数xが「3以下」または「5以上」という条件を指定できません。この条件を先ほどと同様に記述すると、以下のようになります。

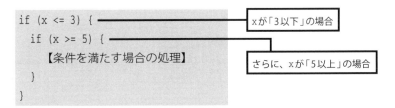

```
if (x <= 3) {
  if (x >= 5) {
      【条件を満たす場合の処理】
  }
}
```

xが「3以下」の場合

さらに、xが「5以上」の場合

　この場合、「最初のif文」と「次のif文」が矛盾してしまいます。たとえば、変数xの値が6の場合、「最初のif文」で偽（false）となるため、「次のif文」は実行されません。よって、xが「5以上」の条件を反映できなくなります。

　このような場合は、**論理演算子**を使って2つの条件式を連結します。

■JavaScriptで使用できる論理演算子

演算子	意味
&&	2つの条件式を**両方とも満たす場合**のみ「真」（true） それ以外の場合は、すべて「偽」になります。 （例）x>=3 && x<=5　（xが「3以上」かつ「5以下」の場合）
||	2つの条件式の**いずれかを満たす場合**に「真」（true） 2つの条件式をどちらも満たさない場合は「偽」になります。 （例）x<=3 || x>=5　（xが「3以下」または「5以上」の場合）
!	「真」（true）と「偽」（false）を入れ替えます （例）!(x<=3)　（xが「3以下でない」場合）

　たとえば、論理演算子を使って「3以下」または「5以上」という条件を指定するときは、以下のようにif文を記述します。

```
if (x<=3 || x>=5) {
   【「3以下」または「5以上」を満たす場合の処理】
} else {
   【「3以下」または「5以上」を満たさない場合の処理】
}
```

15.4 switch文で処理を分岐

3つ以上の条件分岐を行うときに、**switch**文を使うことも可能です。switch文は、変数の値に応じて実行する処理を分岐できる命令で、以下のように記述します。このとき、「**:**」（コロン）と「**;**」（セミコロン）の記述を間違えないように注意してください。

```
switch (変数名) {
  case 値A:
    【変数の値がAの場合の処理】
    break;
  case 値B:
    【変数の値がBの場合の処理】
    break;
  case 値C:
    【変数の値がCの場合の処理】
    break;
  default:
    【上記以外の場合の処理】
}
```

switch文のカッコ内には、条件分岐の判定に使用する**変数名**を記述します。続いて、{………}の中に**case**で条件を指定し、それぞれの条件を満たす場合の処理を記述していきます。この条件は「変数の値が○○に等しい場合」として判定されます。

上記の例では、値A、値B、値Cの3つの条件で処理を分岐させていますが、これを4つ、5つ、……と増やしていくことも可能です。このとき、各処理の最後に必ず**break;**を記述するのを忘れないでください（breakについては、ステップ16で詳しく解説します）。

なお、最後の**default:**は、いずれのcaseにも一致しなかった場合の処理を記述する部分です。default:の記述は必須ではないので省略しても構いません。

たとえば、変数clickTimesの値に応じて条件分岐するときは、以下のようにJavaScriptを記述します。

▼sample15-2.html

```
         ⋮
19    switch (clickTimes) {
20      case 1:
21        alert('【ヒント】北海道は「県」ではありません。');    ── clickTimesが1の場合の処理
22        break;
23      case 2:
24        alert('【ヒント】東北地方にあります。');    ── clickTimesが2の場合の処理
```

```
25        break;
26      default:
27        alert('答えは「岩手県」です。');          ─── それ以外の場合の処理
28    }
       ⋮
```

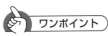
ワンポイント

case に文字を指定する場合

　switch文で条件分岐の判定に「文字」を使うときは、caseに記述する文字を「'」または「"」で囲む必要があります。

```
case '日本':
```

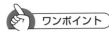
ワンポイント

switch文の弱点

　switch文の長所は、見た目に分かりやすい条件分岐を記述できることです。ただし、「○○に等しい場合」という条件しか指定できないのが弱点となります。「○○以上」や「○○以下」などの条件を指定するときは、else if文を使う必要があります。

演　習

（1）ステップ14の演習（1）で作成したWebページを、switch文を使って以下のように書き直してみましょう。

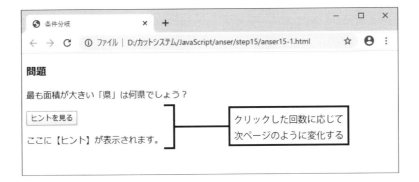

■最初の表示

ボタン表示 .... ヒントを見る

メッセージ .... ここに【ヒント】が表示されます。

■1回目のクリック後

ボタン表示 .... さらにヒントを見る

メッセージ .... 【ヒント】北海道は「県」ではありません。

■2回目のクリック後

ボタン表示 .... 答えを見る

メッセージ .... 【ヒント】東北地方にあります。

■3回目以降のクリック後

ボタン表示 .... 答えを見る（変更なし）

メッセージ .... 答えは「岩手県」です。

（2）sample14-1.html（P79〜80）を参考に、以下のようなWebページを作成してみましょう。

「x=2」または「x=4」をクリックした場合

問題

次の方程式を満たす解を求めなさい。解は2つあります。

$$x^2-6x+8=0$$

x = 1 x = 2 x = 3 x = 4 x = 5

正解！

その他のボタンをクリックした場合

問題

次の方程式を満たす解を求めなさい。解は2つあります。

$$x^2-6x+8=0$$

x = 1 x = 2 x = 3 x = 4 x = 5

間違い！

※ xの2乗を示す「上付き文字」は[〜]で表示します。

※ 関数check(x)では、以下の手順で条件分岐を行います。

① 変数xが2と等しい場合は「正解！」と表示

② 変数xが4と等しい場合は「正解！」と表示

③ それ以外の場合は「間違い！」と表示

（3）論理演算子を使って、演習（2）の条件分岐を1つのif〜elseで記述してみましょう。

※ 変数xが「2または4に等しい場合」は「正解！」、それ以外の場合は「間違い！」と表示します。

※「|」（パイプ）の記号は、[Shift]＋[¥]キーで入力できます。

16

break と continue

breakやcontinueを利用すると、繰り返し処理を途中で中断することができます。また、ステップ16では、条件を満たす間だけ処理を繰り返すwhile文についても学習します。

■ 16.1 breakの活用方法

たとえば、「1、2、3、……を順番に足し算していき、その合計が200以上になる瞬間を求める」という処理について考えてみましょう。「1、2、3、……の足し算」はfor文で実行できますが、「何回繰り返すと200以上になるか？」は不明です。このような場合に活用できるのが**break**です。

breakは**繰り返し処理を強制終了する**命令で、通常はif文と組み合わせて使用します。先ほどの処理をJavaScriptで記述すると、以下のようになります。

▼ sample16-1.html

```
        ⋮
15  <script>
16  function show() {
17    let anser = 0;
18    let num;
19    for (let i = 1; i <= 100; i++) {
20      anser = anser + i;
21      if (anser >= 200) {
22        num = i;
23        break;
24      }
25    }
26    alert('1から' + num + 'まで合計すると' + anser + 'になります。');
27  }
28  </script>
        ⋮
```

anserが200以上の場合は、numにiの値を代入し、繰り返し処理を終了

繰り返し処理

19～25行目の繰り返し処理で「1、2、3、……の合計」を変数anserに代入します。さらに、21行目のif文で「anserが200以上か？」を判定しています。200以上の場合は、その時点のiの値を変数numに代入し、**break**で繰り返し処理を強制終了します。その後、26行目のalert()で変数numと変数anserの値を表示します。

実際に、このJavaScriptを実行してみると、図16-1のような結果が表示され、1～20まで足し算した時点で、その合計が200以上になることを確認できます。

なお、今回の例では、for文の繰り返し回数を100回（i=1〜100）としていますが、これは anserが200以上になれば何回でも構いません。仮に、繰り返し回数を500（i=1〜500）としても、同じ結果を得ることができます。

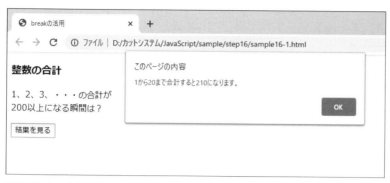

図16-1　breakの活用

16.2　continueの活用方法

　繰り返し処理を**continue**で中断することも可能です。continueとbreakの違いは、break が繰り返し処理を強制終了するのに対して、continueは**以降の処理を中断して、繰り返し処理の先頭に戻る**ことです。

■breakとcontinueの違い

```
for (let i = 1; i <= 100; i++) {
    ⋮
    break;
    ⋮
}
    ⋮
```
繰り返し処理を終了

```
for (let i = 1; i <= 100; i++) {
    ⋮
    continue;
    ⋮
}
    ⋮
```
変数iを1つ増加し、繰り返し処理の先頭へ戻る

　具体的な例でcontinueの活用方法を解説していきましょう。以下は、1〜100の整数のうち「2または3で割り切れない数値」を求めるJavaScriptの例です。

▼ sample16-2.html

```
    ⋮
19  <h3>2または3で割り切れない整数</h3>
20  <p>1から100の間で、2または3で割り切れない整数を求めます。</p>
21  <button onclick="show()">結果を見る</button>
22  <div id="message">ここに結果が表示されます。</div>
23
```

```
24  <script>
25  function show() {                    [値が空の文字変数として宣言]
26    let text = '';
27    for (let i = 1; i <= 100; i++) {
28      if (i % 2 == 0 || i % 3 == 0) {   [2または3で割り切れる場合]
29        continue;
30      }                                 [割り切れない場合は、
31      text = text + i + '、';            「iの値」と「、」をtextに追加]
32    }
33    document.getElementById('message').textContent = text;
34  }
35  </script>
       ⋮
```

　「○で割り切れない数値」は、余りを求める演算子「**%**」で判定できます。28行目のif文では、「2で割ったときの余りが0」または「3で割ったときの余りが0」を条件に指定しています。この条件を満たす場合は、29行目の**continue**により以降の処理が中断され、繰り返し処理の先頭（27行目）に戻ります。条件を満たさない場合は、そのときの「iの値」と「、」（全角のカンマ）を変数textに追加します（31行目）。

　最後に、<div id="message">〜</div>の中に変数textの値を表示すると、「2または3で割り切れない数値」の一覧を表示できます（33行目）。

図16-2　continueの活用

16.3　while文を使った繰り返し処理

　続いては、指定した条件を満たす間だけ処理を繰り返す**while**文を紹介します。while文の記述方法は以下のとおりで、**条件式**に「処理を繰り返す条件」、**{………}**に「繰り返す処理」を記述します。

　　　while（条件式）{………}

たとえば、先ほど紹介した「1、2、3、……を順番に足し算していき、その合計が200以上になる瞬間を求める」をwhile文で記述することも可能です。この場合、合計が200になるまで繰り返し処理を継続するので、その条件は「変数anserが200より小さい」となります（19行目）。

　なお、while文には「値が自動的に変化していく変数」がないため、変数iの値を自分で制御しなければなりません。以下の例では、変数iの初期値に0を指定し、while文の中で値を1つずつ増加させることにより、変数iの値を変化させています（18、20行目）。

▼sample16-3.html

```
        ⋮
15  <script>
16  function show() {
17    let anser = 0;
18    let i = 0;
19    while (anser < 200) {      ┐
20      i++;                     │  繰り返し処理
21      anser = anser + i;       │
22    }                          ┘
23    alert('1から' + i + 'まで合計すると' + anser + 'になります。');
24  }
25  </script>
        ⋮
```

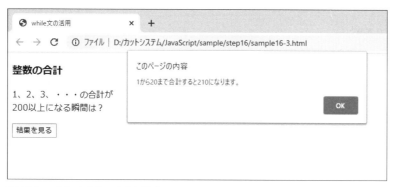

図16-3　while文を使った繰り返し

演習

（1）変数xが1、2、3……と変化するfor文を使って、次ページに示した三次方程式の解を求めてみましょう。なお、3つの解が見つかった時点で、breakにより繰り返し処理を強制終了します。

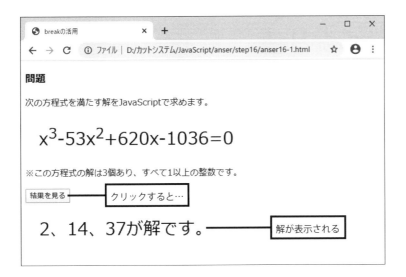

```
<body>
<h3>問題</h3>
<p>次の方程式を満たす解をJavaScriptで求めます。</p>
<p class="big_font">x<sup>3</sup>-53x<sup>2</sup>+620x-1036=0</p>
<p>※この方程式の解は3個あり、すべて1以上の整数です。</p>
<button onclick="show()">結果を見る</button>
<div id="message" class="big_font"></div>

            ← ここに関数show()を作成

</body>
```

※ 関数show()では、配列anserと変数countを宣言します。

     let anser = [];　（見つかった解を保存する配列）

     let count = 0;　　（解を見つけた個数をカウントする変数）

※ 続いて、変数xが1～1000に変化するfor文を作成し、以下の処理を実行します。

    ① $x^3-53x^2+620x-1036$ を計算し、その値を変数testに代入します。

     let test = x*x*x - 53*x*x + 620*x - 1036;

    ② testが0の場合は、変数countを1つ増加し、配列anser[count]にxを代入します。

    ③ 変数countが3になったら、breakで繰り返し処理を強制終了します。

※ その後、ID名が'message'のdiv要素に結果を表示します。

(2) 演習(1)と同じ処理をwhile文で作成してみましょう。

Step 17 関数の戻り値

ステップ17では、関数の「戻り値」について学習します。「戻り値」は引数の逆の働きをするもので、「関数で処理した結果」を「関数の呼び出し元」に返すことが可能となります。

17.1 戻り値とは？

まずは「**戻り値**」の概要を解説します。ステップ08で学習したように、関数を呼び出すときに**引数**で値を渡すことも可能です。これと逆の働きをするのが「戻り値」です。「戻り値」を使うと、**「関数で処理した結果」を「関数の呼び出し元」へ返す**ことができます。

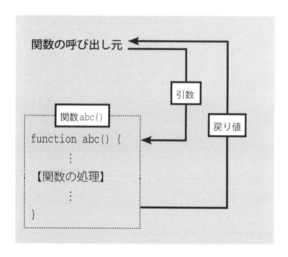

17.2 戻り値を受け取るには？

これまでは、onclick="abc()"のように**イベントハンドラ**を使って関数を呼び出していました。しかし、この方法では「戻り値」を受け取る変数がありません。よって、「戻り値」を使用することはできません。

「戻り値」を使うときは、JavaScriptから関数を呼び出すのが一般的です。JavaScriptから関数を呼び出すときは、関数名だけを記述します。すると、その関数を実行することができます。たとえば、関数abc()を呼び出すときは、以下のようにJavaScriptを記述します。

```
abc();
```

もちろん、数値や文字を**引数**として指定することも可能です。

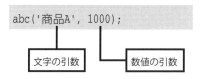

ただし、これでも「戻り値」を受け取る変数がないことに変わりはありません。関数から「戻り値」を受け取るには、以下のように記述して関数を呼び出す必要があります。

変数名 ＝ 関数名 (引数1，引数2，……) ;

このような記述で関数を呼び出すと、「戻り値」が「＝」の左辺にある変数に代入されます。たとえば、変数aを宣言し、そこに関数からの「戻り値」を代入するときは、以下のようにJavaScriptを記述します。

```
let a = abc('商品A', 1000);
```

17.3 戻り値を返すreturn

「戻り値」を使うときは、「戻り値」として返す値を関数内で指定しておく必要があります。これを実行する命令が**return**です。たとえば、以下のようにreturnを記述すると、変数xの値を「戻り値」として返すことができます。

```
return x;
```

以下は、「20% OFFの料金」を計算する関数discount()から「戻り値」を受け取り、それを使ってWebページを書き換えるJavaScriptの例です。

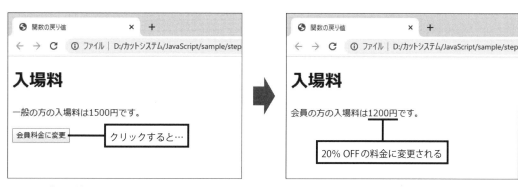

図17-1 「戻り値」を使用したJavaScript

▼sample17-1.html

```
        ：
10  <body>
11  <h1>入場料</h3>
12  <p id="info">一般の方の入場料は1500円です。</p>
13  <button id="btn" onclick="changePrice()">会員料金に変更</button>
14
15  <script>
16  function changePrice() {
17    let memberPrice = discount(1500);
18    document.getElementById('info').textContent
19      = '会員の方の入場料は' + memberPrice + '円です。';
20    document.getElementById('btn').remove();
21  }
22
23  // ------ 20%OFFを計算する関数 ------
24  function discount(price) {
25    price = price * 0.8;
26    return price;
27  }
28  // ----------------------------------
29  </script>
30  </body>
        ：
```

引数1500で
関数discount()を呼び出す

20% OFFの料金を計算し、
returnで返す

　ボタンをクリックすると、16～21行目にある関数changePrice()が実行されます。この関数内では、さらに関数discount()が呼び出されます（17行目）。

　関数discount()では、引数の1500を変数priceで受け取り、20% OFFの料金を計算します（24～25行目）。続いて、26行目のreturnで20% OFFした料金（変数priceの値）を「戻り値」として返します。

　「戻り値」は、変数memberPriceに代入されます（17行目）。この変数memberPriceを使って料金の表示を書き換え、その後、ボタンを削除します（18～20行目）。

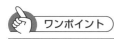
ワンポイント

returnを実行するときの注意点

　returnが実行されると、その時点で**関数の処理が強制終了される**ことに注意してください。このため、returnは関数の最後に記述するのが基本です。途中にreturnを記述するときはif文で条件分岐を行い、その中にreturnを記述するなどの工夫が必要です。

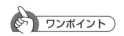ワンポイント

> **関数を定義する順番**
>
> JavaScriptは「記述した順番」に読み込まれていく仕組みになっています。先ほどの例では、17行目で関数discount()を呼び出していますが、この時点で関数discount()はまだ定義されていません（24〜27行目で定義しています）。よって、「関数discount()なんて知らない……」というエラーが発生するはずです。
>
> しかし、実際にはエラーは発生しません。この理由は、関数discount()が`<script>`〜`</script>`のトップレベルで定義されているためです。{……}の中ではなく、トップレベルで定義した関数は、記述した順番に関係なく、同じ`<script>`〜`</script>`の中で自由に呼び出すことができます。

17.4 true / false を返す return

続いては、もう少し実践的なJavaScriptを解説しておきましょう。以下は、100以下の素数[※]を求めるJavaScriptの例です。

※ 素数とは、割り切れる数値が「1」と「自分」しかない整数のことです。

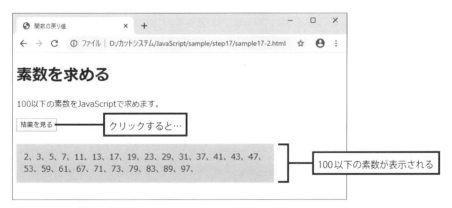

図17-2　true / false を返す return

▼ **sample17-2.html**

```
 ⋮
18   <body>
19   <h1>素数を求める</h1>
20   <p>100以下の素数をJavaScriptで求めます。</p>
21   <button onclick="show()">結果を見る</button>
22   <div id="message">ここに結果が表示されます。</div>
```

```
23
24  <script>
25  function show() {
26    let text = '';
27    for (let i = 2; i <= 100; i++) {
28      let flag = check(i);          ── 関数check()を呼び出し、
                                          「戻り値」を変数flagに代入
29      if (flag) {
30        text = text + i + '、';      ── iが素数で会った場合の処理
31      }
32    }
33    document.getElementById('message').textContent = text;
34  }
35
36  // ----------- 素数であるかをチェックする関数 -----------
37  function check(num) {
38    for (let j = 2; j <= num-1; j++) {
39      if (num % j == 0) {
40        return false;               ── いずれかの数値で割り切れる場合
41      }
42    }
43    return true;                    ── どの数値でも割り切れない場合
44  }
45  // -------------------------------------------------------
46  </script>
47
48  </body>
      ⋮
```

このプログラムの流れは以下のようになります。

・25〜34行目

ボタンをクリックすると呼び出される関数show()の定義です。

・26行目

素数の一覧を表示するための文字変数textを宣言しています。最初は1つも素数が見つかっていないので、値に空を代入しています。

・27〜32行目

100以下の総数を求めるために、2〜100の繰り返し処理を行っています。1は素数ではないため、i=2から処理を開始しています。

・28行目

変数iが「素数であるか？」を調べる関数check()を呼び出し、その「戻り値」を変数flagに代入します。引数には、変数iを指定しています（2〜100に変化）。

■関数check()の処理 ─────────────────────────

・37〜44行目

引数として受け取った数値が「素数であるか？」を調べる関数です。引数は変数numに代入されます。

・38〜42行目

変数jが2〜(num-1)に変化する繰り返し処理により、「変数numが素数であるか？」を調べます。「num÷j」の余りが0であった場合は、「1」と「自分」(num)以外にも割り切れる数値があるため、素数ではありません。よって、returnで**false**を返し、関数check()の処理を強制終了します。

・43行目

「変数jの繰り返し処理」が最後まで終了したときに実行される処理です。この場合、「1」と「自分」(num)以外に「割り切れる数値」が見つからなかったことになるため、変数numは素数となります。よって、returnで**true**を返します。

───

・29〜31行目

関数check()の「戻り値」は、変数flagに代入されています。この値がtrueであった場合は素数になるため、「変数iの値」と「、」（全角のカンマ）を変数textに追加します。

・33行目

div要素の文字を「変数textの値」に書き換えて、素数の一覧を表示します。

　このプログラムのポイントは、29行目のif文で条件式に(flag)だけを指定していることです。「戻り値」を**return true**や**return false**で返すと、変数flagにはtrueまたはfalseが代入されます。この場合、比較演算子を使って条件式を記述する必要はありません。カッコ内に「変数名」を記述するだけで、真(true)と偽(false)を判定できます。

　もちろん、iが変化する範囲を変更することで、100以上の素数を求めることも可能です。たとえば、27行目を「for (let i=2; i<=1000; i++) {　」に変更すると、同じJavaScriptで1000以下の素数を求めることができます。

（1）sample17-2.htmlを参考に、1、2、3、4、5、6、7、8、9、10のすべてで割り切れる最小の数値をJavaScriptで求めてみましょう。

■**関数show()の処理内容**

※ 変数iが1～10000に変化する繰り返し処理を作成し、以下の処理を実行します。

　　①引数iで関数check()を呼び出し、その「戻り値」を変数flagに代入します。

　　②変数flagがtrueであった場合は、div要素の文字を書き換え、breakで「変数iの繰り返し処理」を強制終了します。

■**関数check()の処理内容**

※ 引数を変数numで受け取ります。

※「割り切れた回数」をカウントする変数countを宣言し、その値に0を代入します。

※ 変数jが1～10に変化する繰り返し処理を作成し、以下の処理を実行します。

　　・「num÷j」の余りが0であった場合は、変数countを1つ増加します。

※ 変数countが10であった場合（10回とも割り切れた場合）は、trueを返します。そうでない場合は、falseを返します。

文字入力とエラー処理

キーボードから入力した「文字」や「数値」を使って処理を行うことも可能です。このステップでは、プロンプトの使い方とエラー処理について学習します。

18.1 プロンプトの使い方

　キーボードから文字や数値を入力して、JavaScriptで処理したい場合もあると思います。このような場合は**プロンプト**を使うと便利です。プロンプトで文字の入力を求めるときは、以下のようにJavaScriptを記述します。

　　変数名 = prompt('表示する文字', '初期値');

　表示する文字の部分には、プロンプトに表示するメッセージを指定します。**初期値**の部分には、テキストボックス内に初めから入力しておく文字を指定します（省略しても構いません）。このJavaScriptを実行すると画面にプロンプトが表示され、入力された文字を「=」の左辺に記述した変数に代入することができます。
　以下は、この機能を使って簡単なクイズを作成した例です。

図18-1　プロンプトの使用例

▼ sample18-1.html

```
        ⋮
11   <h3>問題</h3>
12   <p>日本で一番高い山は？</p>
13   <button onclick="inputCheck();">答えを入力</button>
14
```

```
15  <script>
16  function inputCheck() {
17    let anser = prompt('答えを漢字で入力してください。', 'ここに答えを入力');
18    if (anser == '富士山') {
19      alert('正解！');
20    } else {
21      alert('間違い！');
22    }
23  }
24  </script>
      ⋮
```

プロンプトに入力された文字を
変数anserに代入

18.2 プロンプトに数値を入力する場合

　プロンプトに数字を入力することも可能です。ただし、この場合は、入力した数字が **「文字」として扱われる**ことに注意しなければなりません。「数値」として扱いたい場合は、**parseInt()** で「文字」を「数値」に変換しておく必要があります。

　parseInt()は、「文字」として扱われている値を**整数の数値**に変換する命令文です。小数点以下の値が含まれる場合は、小数点以下を切り捨てて整数にします。なお、「文字」を「数値」に変換できない場合は、NaN（Not a Number：数字でないことを示す値）に変換されます。

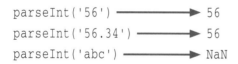

```
parseInt('56')     ────────▶  56
parseInt('56.34')  ────────▶  56
parseInt('abc')    ────────▶  NaN
```

ワンポイント

「文字」を「数値」に変換

　小数点以下の値を維持したまま「文字」を「数値」に変換することも可能です。この場合は、**parseFloat()** を使って型を変更します。

　次ページの例は、100以上の素数も求められるように、sample17-2.html（P99〜101）を改良したものです。ボタンをクリックすると、範囲を指定するプロンプトが2回表示されます。ここに範囲の「最小値」と「最大値」を入力すると、その範囲内にある素数を見つけ出して一覧表示してくれます。

図18-2 プロンプトの活用例

▼sample18-2.html

```
        :
19  <h1>素数を求める</h1>
20  <p>指定した範囲内にある素数をJavaScriptで求めます。</p>
21  <button onclick="show()">範囲を指定</button>
22  <div id="message">ここに結果が表示されます。</div>
23
```

```
24   <script>
25   function show() {
26     let text = '';
27     let min = parseInt(prompt('範囲の最小値を入力してください'));     範囲を入力するプロンプト
28     let max = parseInt(prompt('範囲の最大値を入力してください'));
29     for (let i = min; i <= max; i++) {
30       let flag = check(i);
31       if (flag) {                        min ～ maxの範囲で繰り返す
32         text = text + i + '、';
33       }
34     }
35     document.getElementById('message').textContent = text;
36   }
          ⋮
     (以降はsample17-2.htmlと同様)
```

　ボタンがクリックされると関数show()が呼び出され、プロンプトが2回表示されます。プロンプトに入力した値は、変数minと変数maxに代入されます。このminとmaxを使ってfor文を記述すると、変数iがmin～maxに変化する繰り返し処理を実現できます（29～34行目）。

　ただし、そのためにはminとmaxを「数値」の変数にしておく必要があります。そこでparseInt()の中にprompt()を記述し、プロンプトに入力された文字（数字）を「数値」に変換してから変数minや変数maxに代入しています。

ワンポイント

JavaScriptの暴走

　素数を求める範囲を大きくすると、繰り返し処理の回数が多くなり、結果が表示されるまでの時間が長くなります。パソコンが処理しきれないほどの繰り返し回数になってしまうと、Webブラウザが応答しなくなってしまうケースもあります。注意するようにしてください。

18.3　エラー対策用の処理

　プロンプトを使用するときは、「プロンプトに入力される内容」にも注意しなければなりません。というのも、制作者が意図しない値がプロンプトに入力されるケースがあるからです。そこで、**エラー対策用の処理**も用意しておくのが理想的です。

　たとえば、先ほど示した例の場合、次ページに示した状況に対応する処理を記述しておく必要があります。

① プロンプトに「2より小さい数字」が入力された場合
② プロンプトに数字以外の「文字」が入力された場合
③「最小値」が「最大値」より大きい場合

以下は、これらのエラー対策を施したJavaScriptの例です。

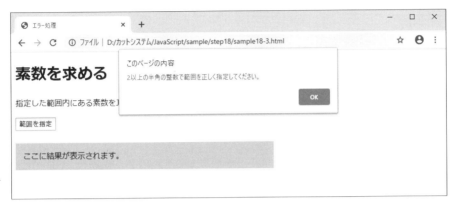

図18-3　不適切な入力があった場合の表示

▼ sample18-3.html

```
          ⋮
24   <script>
25   function show() {
26     let text = '';
27     let min = parseInt(prompt('範囲の最小値を入力してください'));
28     let max = parseInt(prompt('範囲の最大値を入力してください'));
29     if (min < 2 || max < 2 || min%1 != 0 || max%1 != 0 || min > max) {      ← エラー判定
30         alert('2以上の半角の整数で範囲を正しく指定してください。');
31         return;        関数show()を強制終了
32     }
33     for (let i = min; i <= max; i++) {
34       let flag = check(i);
35       if (flag) {
36         text = text + i + '、';
37       }
38     }
39     if (text != '') {
40       document.getElementById('message').textContent = text;
41     } else {
42       document.getElementById('message').textContent = '素数はありません。';
43     }                                                  素数が見つからなかった場合の処理
44   }
          ⋮
     (以降はsample18-2.htmlと同様)
```

エラー処理は、29 〜 32行目に記述されています。

① 「2より小さい数字」の判定

　　2より小さい素数は存在しません。よって、2より小さい数字が入力された場合は、エラー処理を行います。この条件は「min < 2」と「max < 2」で判定できます。

② 「文字」の判定

　　文字が入力されると、minやmaxの値はNaNになります。この場合、33〜38行目のfor文が正しく実行されなくなります。よって、エラー処理を行います。この条件は、minやmaxを「1で割った余り」を求めると判定できます。正しく整数が入力されていた場合、「1で割った余り」は必ず0になります。一方、NaNを「1で割った余り」は0になりません。よって、「min % 1」や「max % 1」が0でないの条件式を指定します。

③ 「最小値 > 最大値」の判定

　　min（最小値）がmax（最大値）より大きかった場合も、33〜38行目のfor文が正しく実行されません。よって、エラー処理を行います。この条件は「min > max」で判定できます。

　　これらの判定を29行目のif文で行い、不適切な入力があった場合は、30行目のalert()でメッセージを表示します。さらに、31行目のreturnで関数show()を強制終了します。もちろん、「最小値」と「最大値」が正しく入力されていた場合は、これらの処理は実行されません。

　　そのほか、このプログラムでは「素数が見つからなかった場合」の処理も追加してあります（39〜44行目）。たとえば、範囲に24〜28を指定すると、この範囲には素数が1つもないため、結果が空白になってしまいます。

　　そこで、「変数textが''（空白）でないか？」をif文で判定し、空白でなかった場合のみ、変数textの値をdiv要素に表示しています。空白であった場合は、「素数はありません。」という文字をdiv要素に表示します。

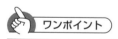 ワンポイント

isNaN()を使ったNaNの判定

　先ほどの例では、「1で割った余り」を求める方法で「変数がNaNでないか？」を判定しました。これを**isNaN()**で判定することも可能です。isNaN()は、カッコ内の値が「数値でないか？」を判定する命令文です。NaN（または文字）の場合はtrue、数値の場合はfalseが返されます。

（1）ステップ17の演習（1）で作成したJavaScriptを、「1〜10の好きな範囲」で割り切れる最小の数値を求めるプログラムに改良してみましょう。

■例：3、4、5、6、7、8で割り切れる最小の数値を求める場合

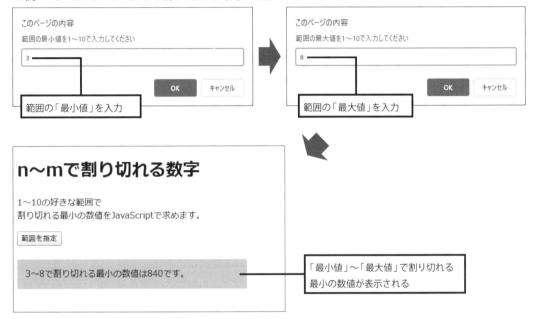

■エラー処理のメッセージ

※ 1〜10より大きい範囲を指定すると、繰り返し処理の回数が膨大になり、Webブラウザが応答しなくなる可能性があります。よって、指定できる範囲を1〜10に限定しています。

※ プロンプトに入力された値を変数minと変数maxに代入し、(i,min,max) の引数で関数check() を呼び出します。

```
let flag = check(i, min, max);
```

※ 関数check() では、変数jがmin 〜 maxまで変化する繰り返し処理を行います。

```
for (let j = min; j <= max; j++) {………}
```

※ 以下の条件を満たす場合は、エラー処理を行います。

    ① min、maxが「1より小さい」または「10より大きい」場合

    ② min、maxがNaNであった場合   ※「1で割った余り」が0でない場合

    ③ minがmaxより大きい場合

Step 19 オブジェクト、メソッド、プロパティ

ステップ19では、オブジェクト、メソッド、プロパティについて解説します。
JavaScriptを使いこなすための重要な考え方なので、それぞれの意味をよく
理解しておいてください。

19.1 オブジェクトとは？

JavaScriptでは、Webページ内にある要素が**オブジェクト**として扱われます。オブジェクト
（object）を日本語に訳すと「物体」や「モノ」といった意味になりますが、プログラムでは「情報
の集合体」のことをオブジェクトと呼びます。

Webページを構成する要素だけでなく、Webブラウザのウィンドウやコンソール画面なども
オブジェクトとして扱われます。Webブラウザのウィンドウ全体は**window オブジェクト**、Web
ページとして表示されている部分は**document オブジェクト**、コンソール画面は**console オブ
ジェクト**となります。

そのほか、Webページの位置（URL）を示すlocationオブジェクト、ページの閲覧履歴を示
すhistoryオブジェクト、ブラウザ情報を示すnavigatorオブジェクトなど、あらゆるものが
オブジェクトとして管理されています。

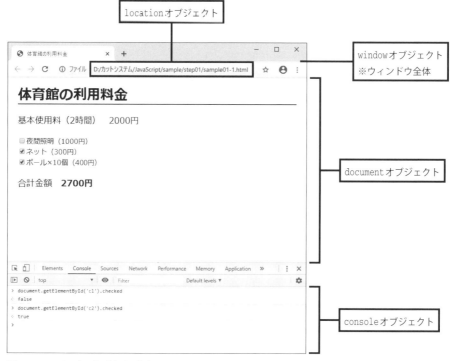

図19-1　Webブラウザとオブジェクト

19.2 オブジェクトツリー

それぞれのオブジェクトは、以下の図のような階層構造（ツリー構造）になっています。最も上位にあるのがウィンドウ全体を示す**window オブジェクト**で、その下に**document オブジェクト**や**console オブジェクト**などが並んでいます。

Webページとして表示されるHTMLの各要素は、document オブジェクトの下位に配置されます。たとえば、以下のようにHTMLが記述されていた場合、そのオブジェクトツリーは図19-2に示したような構成になります。

```
<html lang="ja">

<head>
    ⋮
</head>

<body>
  <h1>見出し</h1>
  <p>Webページの本文</p>
  <div>
    <img src="photo.jpg" alt="写真">
  </div>
</body>

</html>
```

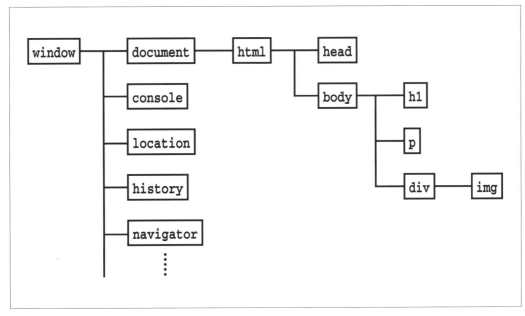

図19-2　オブジェクトツリーの例

なお、それぞれのオブジェクトのことを**ノード**と呼び、その上下関係を**親ノード**や**子ノード**、**兄弟ノード**といった言葉で表す場合もあります。たとえば、documentオブジェクトを基点に見ると、windowオブジェクトは「親ノード」、htmlオブジェクトは「子ノード」、consoleオブジェクトやlocationオブジェクトなどは「兄弟ノード」に該当します。

19.3　メソッドとは？

　続いては、**メソッド**について解説していきます。これまでに紹介してきたJavaScriptのうち、最後に()が付くものはメソッドと呼ばれる記述になります。メソッドは**特定の処理を実行する命令文**で、「.」（ピリオド）の左に記述されているオブジェクトに対して「特定の処理」を実行します。

　　オブジェクト.メソッド()

　たとえば、document.getElementById('abc')で要素を取得する場合、documentがオブジェクト、getElementById('abc')がメソッドになります。つまり、documentオブジェクトに対して「ID名が'abc'の要素を見つけなさい」という命令になります。

　この結果として返されるのは「要素」になるため、こちらもオブジェクトとして扱うことができます。よって、さらにメソッドを追加することが可能です。以下に示した例の場合、document.getElementById('abc')で取得したオブジェクトに対して、remove()で「要素を削除しない」と命令していることになります。

　なお、これまでに何度も使用してきたalert()は、オブジェクトを省略した記述になります。厳密には、window.alert()と記述します。

　windowは最も上の階層にあるオブジェクトになるため、特例として**window.の記述を省略してもよい**というルールになっています。よって、単にalert()と記述するだけでメッセージウィンドウを表示できます。

document.getElementById()も、厳密にはwindow.document.getElementById()という記述になります。同様に、console.log()の厳密な記述は、window.console.log()となります。しかし、これでは記述が長くなってしまうため、通常はwindow.の部分を省略した形でJavaScriptを記述します。

19.4　プロパティとは？

　続いては、**プロパティ**について解説していきます。textContentやinnerHTMLのように、最後に()が付かないものはプロパティと呼ばれる記述になります。

オブジェクト . プロパティ

　プロパティは**オブジェクトが持っている値**を示すもので、「=」を使って値を代入することにより、さまざまな処理を行います。たとえば、以下のようにJavaScriptを記述すると、p要素の内容を「こんにちは」から「さようなら」に書き換えることができます。

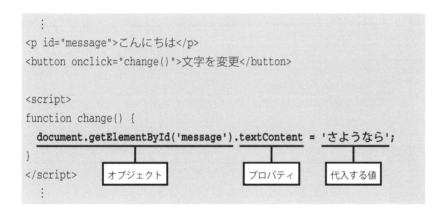

```
    ⋮
<p id="message">こんにちは</p>
<button onclick="change()">文字を変更</button>


<script>
function change() {
  document.getElementById('message').textContent = 'さようなら';
}
</script>
    ⋮
```
　　　　　　　　　　　 オブジェクト　　　　　　　プロパティ　　　　代入する値

図19-3　プロパティの値を書き換え

　これは、p要素のtextContent（要素内の文字）に「さようなら」を代入する、すなわち「p要素内の文字」を書き換えるという処理になります。

これとは逆に、プロパティを使って値を取り出すことも可能です。たとえば、以下のように
JavaScriptを記述すると、「p要素内の文字」を変数textに代入することができます。

```
  ⋮
<p id="message">こんにちは</p>
<button onclick="show()">アラートに表示</button>

<script>
function show() {
  let text = document.getElementById('message').textContent;
  alert(text);
}
</script>
  ⋮
```

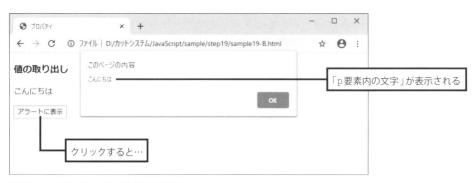

```
       オブジェクト              プロパティ
```

図19-4　プロパティから値を取り出す

なお、「配列の長さ」を調べるlengthもプロパティとなります。たとえば、配列abcの長さ
を調べためにabc.lengthと記述した場合、abc（配列）がオブジェクト、lengthがプロパティ
となります。このように、JavaScriptでは配列などもオブジェクトとして扱われます。

演 習

（1）prompt()が処理対象にしているオブジェクトを答えなさい。

（2）以下のようにHTMLを記述し、ボタンをクリックすると<div id="box"> ～ </div>の中の
HTMLを表示するJavaScriptを作成してみましょう。

```
  ⋮
<head>
<meta charset="UTF-8">
<title>プロパティ</title>
```

```
<style>
  div {
    width: 500px;
    border: solid 1px #000000;
    padding: 10px;
    margin: 25px 0px;
  }
</style>
</head>


<body>
<h1>HTMLの表示</h1>
<p>ボックス内の表示されている部分のHTMLを表示します。</p>
<div id="box">
  <h3>人口800万人以上の都道府県</h3>
  <ul>
    <li>東京都</li>
    <li>神奈川県</li>
    <li>大阪府</li>
  </ul>
</div>
<button onclick="show()">HTMLを表示</button>
<div id="show_html">ここにHTMLが表示されます。</div>
                    ←──  ここに関数show()を作成
</body>
  ⋮
```

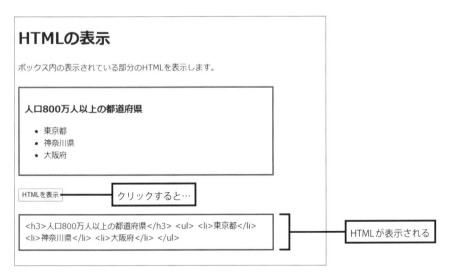

※ 変数htmlを宣言し、「ID名'box'のdiv要素」のinnerHTMLを代入します。
※「ID名'show_html'のdiv要素」に変数textの文字を表示します。

Step

20

スタイルの変更

ステップ20では、JavaScriptを使って要素のCSSを変更する方法を解説します。要素の書式をJavaScriptで変化させると、ユニークで動きのあるWebページを作成できるようになります。

20.1 CSSの変更方法

JavaScriptを使って要素の**CSS**を変更することも可能です。この場合は**style**を使用し、以下のようにJavaScriptを記述します。

取得した要素.style.CSSプロパティ名 = '変更後の値'

「CSSプロパティ名」の部分には、CSSのプロパティ名をそのまま記述します。たとえば、ID名が'main'の要素のcolor（文字色）を#FF0000（赤色）に変更するときは、以下のようにJavaScriptを記述します。

```
document.getElementById('main').style.color = '#FF0000';
```

このとき、「色」や「単位付きの数値」が文字として扱われることに注意してください。このため、変更後の値は「'」で囲んで記述する必要があります。

また、JavaScriptでは「-」（ハイフン）が「引き算の演算子」と認識されるため、「-」を含むCSSプロパティ名が使えないことにも注意しなければなりません。このような場合は、**CSSプロパティ名から「-」を削除し、次の文字を大文字で記述します**。以下に、いくつか例を紹介しておくので参考にしてください。

- font-size ━━━━━━▶ fontSize
- text-align ━━━━━━▶ textAlign
- padding-top ━━━━━━▶ paddingTop
- margin-right ━━━━━━▶ marginRight
- list-style-type ━━━━━━▶ listStyleType

なお、このような記述方法のことを**キャメルケース**と呼びます。

20.2 文字サイズを変更するJavaScript

それでは、具体的な例を使ってスタイルを変更する方法を解説していきましょう。以下は、ボタンのクリックにより「文字サイズ」を変更するJavaScriptの例です。

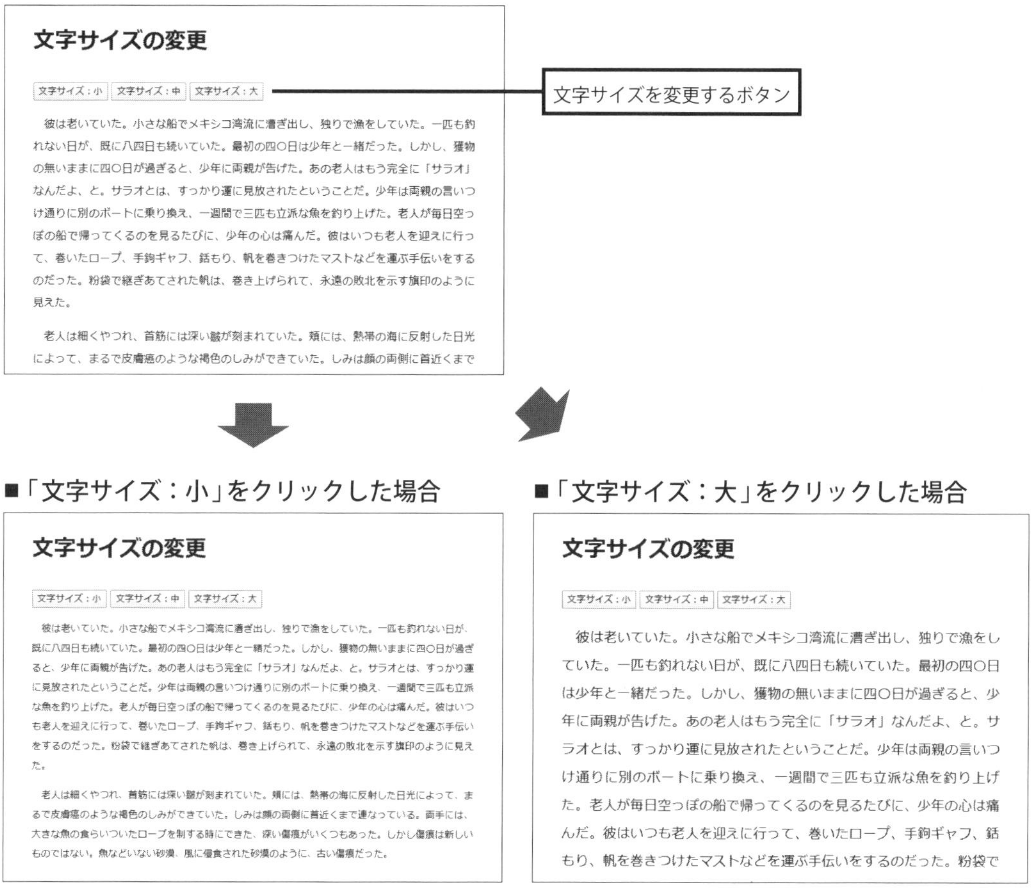

文字サイズを変更するボタン

■「文字サイズ：小」をクリックした場合 ■「文字サイズ：大」をクリックした場合

図20-1　スタイルの変更例（1）

▼ sample20-1.html

```
 1  <!DOCTYPE html>
 2
 3  <html lang="ja">
 4
 5  <head>
 6  <meta charset="UTF-8">
 7  <title>スタイルの変更</title>
 8  <style>
 9    body {
10      width: 650px;
11      margin: 0px auto;
```

```
12      background-color: #FFFFEE;
13      line-height: 2.0;
14      text-align: justify;
15    }
16  </style>
17  </head>
18
19  <body>
20  <h1>文字サイズの変更</h1>
21  <button onclick="fontSizeS()">文字サイズ：小</button>
22  <button onclick="fontSizeM()">文字サイズ：中</button>
23  <button onclick="fontSizeL()">文字サイズ：大</button>
24  <div id="main">
25    <p>  彼は老いていた。小さな船でメキシコ湾流に漕ぎ出し、……ように見えた。</p>
26    <p>  老人は細くやつれ、首筋には深い皺が刻まれていた。……古い傷痕だった。</p>
27  </div>
28
29  <script>
30  let main = document.getElementById('main');
31  function fontSizeS() {
32    main.style.fontSize = '14px';  ─────── 文字サイズを14pxに変更
33  }
34  function fontSizeM() {
35    main.style.fontSize = '16px';  ─────── 文字サイズを16pxに変更
36  }
37  function fontSizeL() {
38    main.style.fontSize = '20px';  ─────── 文字サイズを20pxに変更
39  }
40  </script>
41  </body>
42
43  </html>
```

　まずは、ID名が'main'のdiv要素を取得し、変数mainに代入します（30行目）。ID名と同じ名前で変数を宣言していますが、「ID名の'main'」と「変数main」は別物です。混同しないように注意してください。今回の例では、変数mainの値はdiv要素になります。

　「文字サイズ：小」のボタンをクリックすると、31〜33行目に記述した関数fontSizeS()が呼び出されます。ここでは、変数main（div要素）の文字サイズを14pxに変更する処理が実行されます。

　他の関数も基本的な処理内容は同じです。関数fontSizeM()には「文字サイズを16pxに変更する処理」（標準の文字サイズに戻す処理）、関数fontSizeL()には「文字サイズを20pxに変更する処理」が記述されています。

20.3 画像の書式を変更するJavaScript

具体的な例をもうひとつ紹介しておきます。以下は、マウスの動きに応じて画像の書式を変更するJavaScriptの例です。最初は画像を半透明で表示しておき、マウスオーバー時のみ画像を鮮明に表示しています。

図20-2 スタイルの変更例（2）

▼ sample20-2.html

```
1   <!DOCTYPE html>
2
3   <html lang="ja">
4
5   <head>
6   <meta charset="UTF-8">
7   <title>スタイルの変更</title>
8   <style>
9     body {
10      width: 668px;
11      margin: 0px auto;
12    }
13    #photo_list {
14      display: flex;
15      flex-wrap: wrap;
16      padding: 10px;
17      background-color: #333333;
18    }
```

```
19    #photo_list img {
20       opacity: 0.4;
21       border: solid 2px #333333;        ┐
22       padding: 4px;                     │  画像のCSS
23    }
24  </style>
25  </head>
26
27  <body>                        ┌─ 引数thisで関数を呼び出す
28  <h1>PHOTO ALBUM</h1>
29  <div id="photo_list">
30    <img src="pic01.jpg" onmouseover="mOver(this)" onmouseout="mOut(this)">
31    <img src="pic02.jpg" onmouseover="mOver(this)" onmouseout="mOut(this)">
32    <img src="pic03.jpg" onmouseover="mOver(this)" onmouseout="mOut(this)">
33    <img src="pic04.jpg" onmouseover="mOver(this)" onmouseout="mOut(this)">
34    <img src="pic05.jpg" onmouseover="mOver(this)" onmouseout="mOut(this)">
35    <img src="pic06.jpg" onmouseover="mOver(this)" onmouseout="mOut(this)">
36    <img src="pic07.jpg" onmouseover="mOver(this)" onmouseout="mOut(this)">
37  </div>
38
39  <script>              ┌─ thisを変数objで受け取る
40  function mOver(obj) {
41    obj.style.opacity = 1.0;                    ┐
42    obj.style.border = 'solid 2px #FF9933';     │  画像の書式を変更
43  }
44  function mOut(obj) {
45    obj.style.opacity = 0.4;                    ┐
46    obj.style.border = 'solid 2px #333333';     │  画像の書式を元に戻す
47  }
48  </script>
49  </body>
50
51  </html>
```

　この例では、書式を変更する画像（img 要素）が7個もあります。よって、普通にJavaScriptを記述すると、7個のimg要素を取得しなければなりません。これは少し大変な作業になります。そこで**this**を使って、関数の記述が簡単になるように工夫しています。

　thisは「自分自身のオブジェクト」を示すキーワードです。今回の例の場合、「マウスオーバーされたimg要素」がthisに相当します。処理手順を追いながら順番に解説していきましょう。

画像の上にマウスポインタを移動すると、onmouseover イベントにより関数 mOver() が呼び出されます（30〜36行目）。この引数には this が指定されているため、「マウスオーバーされた img 要素」が引数として関数 mOver() に渡されます。

　関数 mOver() では、引数を変数 obj で受け取ります。よって、「マウスオーバーされた img 要素」を変数 obj で指定できるようになります。document.getElementById() で img 要素を取得する必要はありません。

　続いて、この変数 obj（img 要素）に対して style で書式を指定していきます。41行目でopacity（不透明度）の値を 1.0 に変更し、画像を「透明度なし」で表示します。さらに、42行目で border（枠線）の書式を「実線、2px、オレンジ色」に変更します。

　マウスポインタが画像の外に移動したときの処理（onmouseout イベント）も必要です。こちらは関数 mOut() に記述されています。基本的な処理内容は関数 mOver() と同じです。opacity の値を初期値の 0.4 に戻し、さらに border（枠線）の書式も「実線、2px、暗い灰色」に戻しています。

　ちなみに、各画像の初期値は、19〜23行目の CSS で指定したものとなります。opacity に 0.4 を指定して画像を半透明で表示し、border で枠線を描画しています。ただし、この枠線は「div 要素の背景色」と同じ色になるため、最初は見えません。マウスオーバー時に枠線を描画したときに画像の表示サイズが変わらないように、初めから「見えない枠線」を描画しています。

 ワンポイント

CSS の値の取得について

　ここで紹介した「要素.style.CSS プロパティ名」は、各要素の style 属性を操作する JavaScript となります。このため、<style> 〜 </style> で指定した書式を取り出すことはできません。

　要素に書式を指定する（style 属性を追加する）ことは可能ですが、要素に指定されている書式を必ずしも取り出せるとは限りません。取り出せる書式は、style 属性で指定されている書式だけです。注意してください。

（1）sample20-2.htmlを参考に、マウスオーバー時の画像の書式を以下の図のように変更する
JavaScriptを作成してみましょう。

※ この演習で使用する画像は、以下のURLからダウンロードできます。
http://cutt.jp/books/978-4-87783-807-2/

※ 各要素の初期値として、以下のようにCSSを指定します。

```
body {
  width: 704px;
  margin: 0px auto;
}
#photo_list {
  display: flex;
  flex-wrap: wrap;
  padding: 10px;
  border: solid 2px #666666;
}
```

```
#photo_list img {
  margin: 10px;
}
```

※ 上下のmarginを変化させることにより、マウスオーバー時に画像を少し上に表示させます。

■マウスオーバー時の書式
```
margin-top: 5px
margin-bottom: 15px
box-shadow: 0px 5px 15px #666666
```

■マウスアウト時の書式（初期値に戻す）
```
margin: 10px
box-shadow: none
```

Step 21 属性値の変更

ステップ21では、JavaScriptを使って属性値を変更する方法を解説します。リンク先のURLを変更したり、画像ファイルを変更したりする場合に活用できるので、使い方をよく覚えておいてください。

21.1 属性値の変更

要素の**属性値**を変更するときは、**setAttribute()** というメソッドを使って以下のようにJavaScriptを記述します。

取得した要素.setAttribute('属性名', 値);

属性名の部分には、変更する属性の名前を「'」で囲んで記述します。続いて、「変更後の値」を**値**の部分に指定します。なお、値に文字を直接指定するときは、値も「'」で囲んで記述する必要があります。

具体的な例を示していきましょう。以下は、ボタンをクリックするとリンク先の表示を変更するJavaScriptの例です。a要素の文字はtextContentで変更できますが、これだけではリンクとして正しく機能しません。リンク先のURLを指定するhref属性も変更する必要があります。

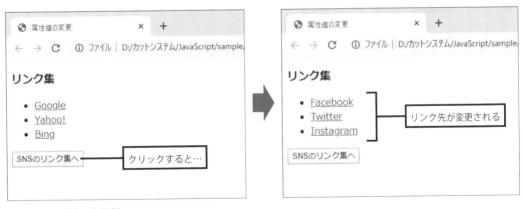

図21-1 属性値の変更例

▼sample21-1.html

```
         ⋮
10  <body>
11  <h3>リンク集</h3>
```

```
12   <ul id="links">
13     <li><a href="https://www.google.com/">Google</a></li>
14     <li><a href="https://www.yahoo.co.jp/">Yahoo!</a></li>
15     <li><a href="https://www.bing.com/">Bing</a></li>
16   </ul>
17   <button onclick="showSNS()">SNSのリンク集へ</button>
18
19   <script>
20   let siteName = ['Facebook', 'Twitter', 'Instagram'];
21   let siteURL = [];
22   siteURL[0] = 'https://www.facebook.com/'
23   siteURL[1] = 'https://twitter.com/'
24   siteURL[2] = 'https://www.instagram.com/'
25
26   function showSNS() {
27     let listA = document.querySelectorAll('#links li a');      ←── a要素を配列listAに取得
28     for (let i = 0; i < listA.length; i++) {      ────────────   i=0、1、2の繰り返し処理
29       listA[i].textContent = siteName[i];
30       listA[i].setAttribute('href', siteURL[i]);   ──────────   href属性をsiteURL[i]に変更
31     }
32   }
33   </script>
34   </body>
       ⋮
```

　20～24行目で、このプログラムで使用する配列を宣言しています。配列siteNameに「変更後の文字」、配列siteURLに「変更後のURL」を代入しておきます。

　ボタンをクリックすると、関数showSNS()が呼び出されます。今回はa要素にID名を指定していないため、ステップ10で解説したdocument.querySelectorAll()を使ってa要素を取得しています（27行目）。

　続いて、for文を使って、a要素の「文字」と「href属性の値」を変更します。この例にはa要素が3個あるため、listA.lengthは3になります。よって、i=0、1、2と変化する繰り返し処理が実行されます。

　繰り返し処理の中では、それぞれのa要素の文字をsiteName[i]に変更し、さらにhref属性の値をsiteURL[i]に変更しています（29～30行目）。

21.2 属性値の取得

要素に指定されている属性値を取り出して、変数などに代入することも可能です。この場合は**getAttribute()**というメソッドを使用し、値を取得する「属性の名前」をカッコ内に「'」で囲んで記述します。

> 変数名 ＝ 取得した要素.getAttribute('属性名');

こちらも具体的な例を示しておきましょう。以下は、クリックした画像を大きく表示するJavaScriptの例です。P119〜121で紹介したsample20-2.htmlに、「クリック時の処理」を追加したプログラムと考えてください。

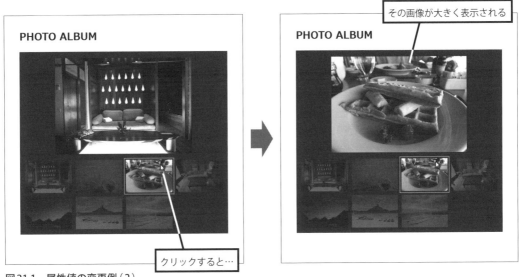

図21.1　属性値の変更例（2）

▼ sample21-2.html

```
     ⋮
 5   <head>
 6   <meta charset="UTF-8">
 7   <title>属性値の変更</title>
 8   <style>
     ⋮
13     #photo_frame {
14       background-color: #333333;
15       text-align: center;
16       line-height: 1.0;
17       padding: 20px 0px 0px;
18     }
     ⋮
```

```
          ⋮
30  </style>
31  </head>
32
33  <body>
34  <h1>PHOTO ALBUM</h1>
35  <div id="photo_frame">
36    <img id="big_img" src="big_pic01.jpg">
37  </div>
38  <div id="photo_list">
39    <img src="pic01.jpg" onclick="mClick(this)"          ─────────  onclickイベントを追加
40        onmouseover="mOver(this)" onmouseout="mOut(this)">
41    <img src="pic02.jpg" onclick="mClick(this)"
42        onmouseover="mOver(this)" onmouseout="mOut(this)">
43    <img src="pic03.jpg" onclick="mClick(this)"
44        onmouseover="mOver(this)" onmouseout="mOut(this)">
45    <img src="pic04.jpg" onclick="mClick(this)"
46        onmouseover="mOver(this)" onmouseout="mOut(this)">
47    <img src="pic05.jpg" onclick="mClick(this)"
48        onmouseover="mOver(this)" onmouseout="mOut(this)">
49    <img src="pic06.jpg" onclick="mClick(this)"
50        onmouseover="mOver(this)" onmouseout="mOut(this)">
51    <img src="pic07.jpg" onclick="mClick(this)"
52        onmouseover="mOver(this)" onmouseout="mOut(this)">
53  </div>
54
55  <script>
56  function mClick(obj) {
57    let fileName = obj.getAttribute('src');
58    fileName = 'big_' + fileName;
59    document.getElementById('big_img').setAttribute('src', fileName);
60  }
61  function mOver(obj) {
62    obj.style.opacity = 1.0;
63    obj.style.border = 'solid 2px #FF9933';
64  }
65  function mOut(obj) {
66    obj.style.opacity = 0.4;
67    obj.style.border = 'solid 2px #333333';
68  }
69  </script>
70  </body>
       ⋮
```

thisを変数objで受け取る

クリックされたimg要素の
src属性を変数fileNameに代入

変数fileNameの先頭に'big_'を追加

src属性の値を変更

126

画像をクリックすると、関数mClick()が呼び出されます。引数にthisを指定していますが、これだけでは「どの画像がクリックされたのか？」を識別することができません。そこで、getAttribute()でsrc属性の値を取り出すことで、「クリックされた画像」を識別しています（57行目）。

　変数fileNameには、「クリックされた画像」のファイル名が代入されています。今回の例では、大きいサイズの画像を「big_pic01.jpg」や「big_pic02.jpg」などのファイル名で用意しています。よって、先頭に'big_'の文字を追加すると、大きいサイズの画像ファイル名に変更できます（58行目）。

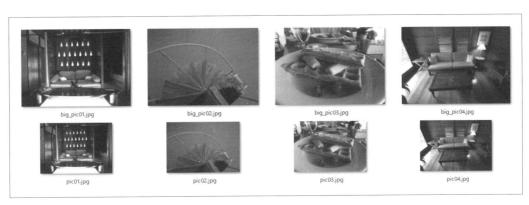

図21-3　ファイル名の対応

　最後に、setAttribute()でsrc属性の値を変数fileNameに変更すると、クリックした画像を大きく表示できます。この処理対象はthisではなく、ID名が'big_img'のimg要素となります（59行目）。

演　習

（1）sample21-2.htmlを参考に、ステップ20の演習（1）で作成したHTMLファイルに「画像を大きく表示する機能」を追加してみましょう。

※ この演習で使用する画像は、以下のURLからダウンロードできます。
   http://cutt.jp/books/978-4-87783-807-2/

※ 追加する要素のCSSは、以下のように指定します。

```
#photo_frame {
  background-color: #DDDDDD;
  padding: 20px;
}
```

```
#big_img {
  border: solid 10px #FFFFFF;
  box-shadow: 7px 7px 10px #333333;
}
```

Step 22 イベントリスナー

HTMLとJavaScriptを完全に分けて記述するには、onclickなどのイベントハンドラを使わずに、イベントリスナーを使用する必要があります。このステップでは、イベントリスナーの使い方を学習します。

22.1 イベントリスナーの使い方

　これまでは、onclick="……"やonmouseover="……"などを使って関数を呼び出していました。しかし、この方法には大きな弱点があります。それは、HTMLとJavaScriptの記述が混在してしまうことです。

　大規模なWebサイトを作成するときは、HTMLとJavaScriptを別々のファイルに記述するのが一般的です。このとき、onclick="……"などの記述があると、HTMLとJavaScriptを分離できなくなってしまいます。そこで、**イベントリスナー**を使って関数を呼び出す方法も覚えておく必要があります。

　イベントリスナーを使って関数を呼び出すときは、以下のようにJavaScriptを記述します。

> **取得した要素.addEventListener('イベント', 関数名);**

　'イベント'の部分には、関数を呼び出すタイミングをキーワードで指定します。たとえば、**'click'**を指定すると、取得した要素を「クリックしたとき」に関数を呼び出すことができます。
　そのほか、**'イベント'**の部分には以下のようなキーワードを指定できます。基本的には、イベントハンドラからonを除いたものがイベントリスナーのキーワードになります。

■ マウス操作

click ………………………… 要素をクリックしたとき
dblclick …………………… 要素をダブルクリックしたとき
mouseover ………………… 要素の上へマウスを移動したとき
mouseout …………………… 要素の外へマウスを移動したとき
mousemove ………………… マウスを移動させたとき

■ ページの読み込み／移動

load ………………………… ページ全体が読み込まれたとき
unload ……………………… 別のページへ移動するとき
error ………………………… エラーが発生した時

■フォーム関連

focus .... 要素にフォーカスが移動したとき
　　　　　　　　　　　　　※フォーカスは［Tab］キーやマウスのクリックで移動できます。
change .... フォームの内容が変更されたとき
reset .... フォームがリセットされたとき
submit .... フォームのsubmitボタンをクリックしたとき

　続いて、**関数名**の部分に「呼び出す関数の名前」を記述します。このとき、**( )を付けずに関数名だけを記述する**ことに注意してください。たとえば、abc( ) という関数を呼び出すときは、単にabcと記述します。( )を記述できないため、関数に引数を渡すことはできません。

　具体的な例を紹介しておきましょう。以下は、P117～118で紹介した「文字サイズを変更するJavaScript」をイベントリスナーで記述しなおした例です。

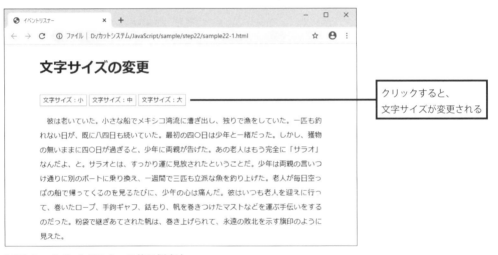

図22-1　イベントリスナーの使用例（1）

▼ sample22-1.html

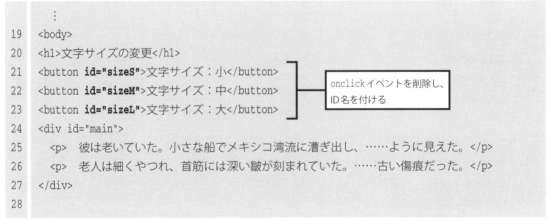

```
      ⋮
19  <body>
20  <h1>文字サイズの変更</h1>
21  <button id="sizeS">文字サイズ：小</button>
22  <button id="sizeM">文字サイズ：中</button>
23  <button id="sizeL">文字サイズ：大</button>
24  <div id="main">
25     <p>  彼は老いていた。小さな船でメキシコ湾流に漕ぎ出し、……ように見えた。</p>
26     <p>  老人は細くやつれ、首筋には深い皺が刻まれていた。……古い傷痕だった。</p>
27  </div>
28
```

```
29   <script>
30   document.getElementById('sizeS').addEventListener('click', fontSizeS);
31   document.getElementById('sizeM').addEventListener('click', fontSizeM);
32   document.getElementById('sizeL').addEventListener('click', fontSizeL);
33
34   let main = document.getElementById('main');
35   function fontSizeS() {
36     main.style.fontSize = '14px';
37   }
38   function fontSizeM() {
39     main.style.fontSize = '16px';
40   }
41   function fontSizeL() {
42     main.style.fontSize = '20px';
43   }
44   </script>
45   </body>
       ⋮
```

```
イベントリスナー
```

　今回はイベントリスナーを使って関数を呼び出すため、buttton要素にonclickイベントを指定していません。代わりに、要素を特定するためのID名を指定しています（21～23行目）。

　30～32行目がイベントリスナーの記述です。document.getElementById()で各ボタンを取得し、addEventListener()でイベントリスナーを指定しています。イベントに'click'を指定しているので、「ボタンをクリックしたとき」に関数が呼び出されます。たとえば、「文字サイズ：小」のボタン（ID名'sizeS'）をクリックすると、関数fontSizeS()が呼び出されます（30行目）。それぞれの関数に記述されている処理は、sample20-1.htmlと同じです。

22.2　無名関数を使った引数の受け渡し

　イベントリスナーを使用するときに問題となるのが、関数に引数を渡せないことです。これは、P125～127で紹介したようなJavaScriptを作成するときに致命的な問題となります。このような場合は、**無名関数**を使うと引数を指定して関数を呼び出せるようになります。

　無名関数は「名前なし」で関数を定義する方法で、以下のようにJavaScriptを記述します。{………}の部分には、この関数で「実行する処理」を記述します。

```
function() {………}
```

これを addEventListener の関数名の部分に記述すると、引数を指定して関数を呼び出すことが可能となります。

```
取得した要素.addEventListener(' イベント ', function() {
    関数名 ( 引数1, 引数2, ……);
} );
```

　上記のようにJavaScriptを記述すると、イベントリスナーから無名関数が呼び出されるようになります。この無名関数の中で実行されるのは、「さらに関数を呼び出す」という処理になります。無名関数の中では普通にJavaScriptを記述できるので、引数を指定して関数を呼び出すことも可能です。

　以下は、P125〜127で紹介したサンプルをイベントリスナーで記述しなおした例です。

図22-2　イベントリスナーの使用例（2）

▼ sample22-2.html

```
      :
33  <body>
34  <h1>PHOTO ALBUM</h1>
35  <div id="photo_frame">
36    <img id="big_img" src="big_pic01.jpg">
37  </div>
```

```
38   <div id="photo_list">
39     <img src="pic01.jpg">
40     <img src="pic02.jpg">
41     <img src="pic03.jpg">
42     <img src="pic04.jpg">                    イベントハンドラを削除
43     <img src="pic05.jpg">
44     <img src="pic06.jpg">
45     <img src="pic07.jpg">
46   </div>
47
48   <script>
49   let img = document.querySelectorAll('#photo_list img');        img要素を取得し、
                                                                   配列imgに代入
50   for (let i = 0; i < img.length; i++) {
51     img[i].addEventListener('click', function() {
52       mClick(this);                            クリック時に呼び出す関数
53     } );
54     img[i].addEventListener('mouseover', function() {
55       mOver(this);                             マウスオーバー時に呼び出す関数
56     } );
57     img[i].addEventListener('mouseout', function() {
58       mOut(this);                              マウスアウト時に呼び出す関数
59     } );
60   }
61
62   function mClick(obj) {
63     let fileName = obj.getAttribute('src');
64     fileName = 'big_' + fileName;
65     document.getElementById('big_img').setAttribute('src', fileName);
66   }
67   function mOver(obj) {
68     obj.style.opacity = 1.0;
69     obj.style.border = 'solid 2px #FF9933';
70   }
71   function mOut(obj) {
72     obj.style.opacity = 0.4;
73     obj.style.border = 'solid 2px #333333';
74   }
75   </script>
76   </body>
      :
```

　イベントリスナーで関数を呼び出すため、それぞれのimg要素にイベントハンドラを記述する
必要はありません（39〜45行目）。

今回は、img要素をdocument.querySelectorAll()で取得し、配列imgに代入しています（49行目）。'#photo_list img'のセレクタに該当する要素は全部で7個あるので、img[0]～img[6]にimg要素が代入されます。

　続いて、50～60行目の繰り返し処理でイベントリスナーを指定していきます。今回の例ではimg.lengthが7になるため、i=0～6の繰り返し処理が実行されます。
　繰り返し処理の中では、それぞれのimg要素に対して、以下の3つのタイミングでイベントリスナーを指定しています。

　　　・51～53行目 ················· クリックしたとき（'click'）
　　　・54～56行目 ················· マウスオーバーしたとき（'mouseover'）
　　　・57～59行目 ················· マウスアウトしたとき（'mouseout'）

　どの場合も、イベントリスナーから呼び出されるのは無名関数です。さらに無名関数の中で、mClick()やmOver()、mOut()といった関数を呼び出しています。この引数にはthisを指定しているため、「マウス操作したimg要素」が引数として関数に渡されます。
　なお、関数mClick()、mOver()、mOut()に記述されている処理は、sample21-2.htmlと同じです。

◆◆◆◆◆◆◆◆◆◆◆◆◆◆◆◆◆◆◆◆◆◆◆◆◆ 演 習 ◆◆◆◆◆◆◆◆◆◆◆◆◆◆◆◆◆◆◆◆◆◆◆◆◆

（1）ステップ21の演習（1）で作成したHTMLファイルをイベントリスナーで記述しなおしてみましょう。

　　※ この演習で使用する画像は、以下のURLからダウンロードできます。
　　　http://cutt.jp/books/978-4-87783-807-2/
　　※ 基本的な手順は、sample22-2.htmlと同じです。

（2）ステップ19の演習（2）で作成したHTMLファイルをイベントリスナーで記述しなおしてみましょう。

　　※ button要素のイベントハンドラを削除し、代わりに"btn"というID名を付けます。

Step 23 フォームの操作－1

フォームに入力された内容に応じて、さまざまな処理を行うことも可能です。このステップでは、テキストボックスに入力された文字を取り込んだり、チェックボックスのON／OFFを確認したりする方法を解説します。

23.1 テキストボックスに入力した文字

テキストボックスに入力した文字は、**value**というプロパティに保管されます。このため、以下のようにJavaScriptを記述すると、「テキストボックスに入力されている文字」を変数に取り出すことができます。

変数名 = 取得した要素.value;

HTMLでは、テキストボックスを<input type="text">で作成するため、「取得した要素」の部分にはinput要素を指定します。

以下は、テキストボックスに入力されている文字に応じて、「正解！」または「間違い！」と表示するJavaScriptの例です。

図23-1 テキストボックスの文字を取得

▼ sample23-1.html

```
       ⋮
10  <body>
11  <h3>問題</h3>
12  <p>日本で一番高い山は？</p>
13  <input id="ans_text" type="text" size="15">
14  <button id="btn">確認</button>
```

```
15
16  <script>
17  document.getElementById('btn').addEventListener('click', anserCheck);          ──── イベントリスナー
18  function anserCheck() {
19    let anser = document.getElementById('ans_text').value;      ──── テキストボックスの内容を
20    if (anser == '富士山') {                                           変数 anser に代入
21      alert('正解！');
22    } else {
23      alert('間違い！');
24    }
25  }
26  </script>
27  </body>
      ⋮
```

　　ボタンをクリックすると、17行目のイベントリスナーにより関数 anserCheck() が呼び出されます。

　　関数 anserCheck() では、まず最初に「テキストボックスに入力されている文字」を変数 anser に代入します（18行目）。続いて、if文で anser の値が「富士山」であるかを確認し、そうであった場合は「正解！」、そうでなかった場合は「間違い！」と表示します。

 ワンポイント

テキストエリアに入力した文字

　「テキストエリアに入力されている文字」を取り出すときも value プロパティを使用します。この場合は、「取得した要素」の部分に textarea 要素を指定します。

 ワンポイント

数値として扱う場合

　テキストボックスに入力した内容は、基本的に「文字」として扱われます。これを「数値」として扱いたい場合は、parseInt() や parseFloat() を使って「数値」に変換しておく必要があります（詳しくはP104を参照）。

23.2　チェックボックスのON／OFF

　続いては、チェックボックスの操作について解説します。チェックボックスのON／OFFは、**checked**というプロパティに保管されます。このため、以下のようにJavaScriptを記述すると、チェックボックスのON／OFFを確認できます。

　　　取得した要素**.checked**

　この値は、チェックボックスがONの場合は**true**、OFFの場合は**false**となります。チェックボックスは<input type="checkbox">で作成するため、「取得した要素」の部分にはinput要素を指定します。

　以下は、「選択した項目の料金」を足し算して合計金額を表示するJavaScriptの例です。ステップ01で紹介したものと同じ処理内容ですが、こちらはイベントリスナーで関数を呼び出しています。

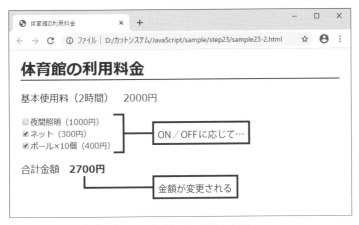

図23-2　チェックボックスのON／OFFで処理を分岐

▼ **sample23-2.html**

```
          ⋮
25    <body>
26    <h1>体育館の利用料金</h1>
27    <p>基本使用料（2時間）　2000円</p>
28    <form id="price_form">
29      <label><input type="checkbox" id="c1">夜間照明（1000円）</label><br>
30      <label><input type="checkbox" id="c2">ネット（300円）</label><br>
31      <label><input type="checkbox" id="c3">ボール×10個（400円）</label>
32    </form>
33    <p>合計金額　<span id="total">2000円</span></p>
34
```

```
35   <script>
36   document.getElementById('price_form').addEventListener('change', checkSum);
37   function checkSum() {
38     let price = 2000;
39     if(document.getElementById('c1').checked == true) {
40       price = price + 1000;
41     }
42     if(document.getElementById('c2').checked == true) {
43       price = price + 300;
44     }
45     if(document.getElementById('c3').checked == true) {
46       price = price + 400;
47     }
48     document.getElementById('total').textContent = price + '円';
49   }
50   </script>
51   </body>
        ⋮
```

フォーム要素が対象

イベント

チェックボックスがONの場合は、その料金を変数priceに加算する

　今回の例では、イベントリスナーの対象はform要素になります。イベントには**'change'**が指定されているため、フォームの内容が変更されると、関数checkSum()が呼び出されます（36行目）。関数checkSum()では、以下の手順で処理を実行します。

　　① 基本使用料となる2000（円）を変数priceに代入します（38行目）。
　　② ID名'c1'のチェックボックス（夜間照明）がONの場合（trueの場合）
　　　　→ 1000（円）を変数priceに足し算します（39～41行目）
　　③ ID名'c2'のチェックボックス（ネット）がONの場合（trueの場合）
　　　　→ 300（円）を変数priceに足し算します（42～44行目）
　　④ ID名'c3'のチェックボックス（ボール×10個）がONの場合（trueの場合）
　　　　→ 400（円）を変数priceに足し算します（45～47行目）
　　⑤ 変数priceを使って、span要素の文字を書き換えます（48行目）。

　なお、checkedプロパティの値はtrue（真）またはfalse（偽）になるため、「== true」の記述を省略しても構いません。以下のようにif文を記述しても同じ結果を得られます。

▼sample23-3.html

```
        ⋮
39     if(document.getElementById('c1').checked) {
40       price = price + 1000;
41     }
        ⋮
```

138

（1）以下のようにHTMLを記述し、クイズの答えをチェックして alert() で表示する JavaScript を作成してみましょう。

```
<body>
<h3>問題</h3>
<p>英語のことわざで「1日1個食べると医者いらず」と言われている果物は？</p>
<label>答え：<input id="ans_text" type="text" size="15"></label>
<label><input id="chk_eng" type="checkbox">英語で答える</label><br>
<br>
<button id="btn">確認</button>
                          ここにJavaScriptを作成
</body>
```

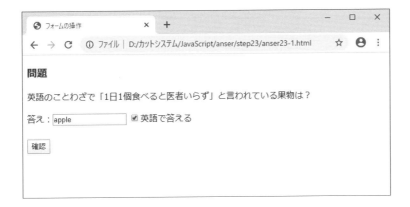

（チェックボックスがONの場合）

「apple」「Apple」「APPLE」と答えた場合 ……………「正解！」と表示

他の答えの場合 ………………………………………………「間違い！」と表示

（チェックボックスがOFFの場合）

「りんご」「リンゴ」「林檎」と答えた場合 ……………「正解！」と表示

他の答えの場合 ………………………………………………「間違い！」と表示

※ ボタンをクリックすると、関数 anserCheck() を呼び出します。

※ 関数 anserCheck() では、以下の手順で処理を実行します。

①「テキストボックスに入力された文字」を変数 anser に代入します。

②「チェックボックスのON／OFF」を変数 english に代入します。

③変数 english について if 文で条件分岐を行います。

④さらに、if 文で変数 anser の値をチェックし、その結果に応じて「正解！」または「間違い！」と表示します。

フォームの操作－2

フォームの操作に応じてJavaScriptで処理を行うときに、value属性の値を利用することも可能です。このステップでは、ラジオボタンとセレクトボックスの扱い方を解説します。

24.1 ラジオボタンのON / OFF

ラジオボタンのON / OFFも**checked**プロパティで確認できます。使い方はチェックボックスの場合と同じで、ラジオボタンがONの場合は**true**、OFFの場合は**false**が返されます。

　　取得した要素.checked

このとき、**value**プロパティも一緒に活用すると、value属性の値を利用したプログラムを作成できます。具体的な例を示しておきましょう。

以下は、ラジオボタンの選択により背景色を変更するJavaScriptの例です。各ラジオボタン（input要素）に記述されているvalue属性を利用して背景色を変更しています。

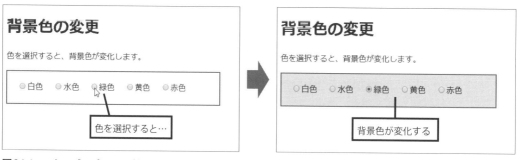

図24-1　valueプロパティの利用

▼sample24-1.html

```
      :
18  <h1>背景色の変更</h1>
19  <p>色を選択すると、背景色が変化します。 </p>
20  <div id="box">
21    <form id="bg_form">
22      <label><input type="radio" name="bgcolor" value="#FFFFFF">白色</label>
23      <label><input type="radio" name="bgcolor" value="#00FFFF">水色</label>
24      <label><input type="radio" name="bgcolor" value="#66FF66">緑色</label>
```

```
25      <label><input type="radio" name="bgcolor" value="#FFFF00">黄色</label>
26      <label><input type="radio" name="bgcolor" value="#FF3333">赤色</label>
27    </form>
28  </div>
29
30  <script>
31  document.getElementById('bg_form').addEventListener('change', bgChange);
32  function bgChange() {
33    let radio = document.querySelectorAll('#bg_form input');  ──┐ ラジオボタンを取得し、
34    for (let i = 0; i < radio.length; i++) {                      配列radioに代入
35      if (radio[i].checked) {
36        document.getElementById('box').style.backgroundColor = radio[i].value; ─┐
37        break;                                                    ラジオボタンがONの場合の処理
38      }
39    }
40  }
41  </script>
      ⋮
```

　22〜26行目は、input要素でラジオボタンを配置している部分です。input要素にvalue属性を追加し、それぞれのラジオボタンが選択されたときの色（背景色）を指定しています。

　form要素の内容が変更されると、31行目のイベントリスナーにより関数bgChange()が呼び出されます。関数bgChange()では、以下の手順でdiv要素の背景色を変更します。

・33行目

　document.querySelectorAll()でラジオボタン（innput要素）を取得し、配列radioに代入します。それぞれのinput要素は、radio[0]〜radio[4]に代入されます。

・34〜39行目

　各ラジオボタンのON／OFFをチェックする繰り返し処理です。この例はinput要素が5個あるため、radio.lengthの値は5となります。よって、i=0〜4の繰り返し処理が行われます。

・35〜37行目

　if文でラジオボタンのON／OFFを確認します。ONの場合（trueの場合）は、そのラジオボタンのvalue属性をradio[i].valueで取得し、div要素の背景色として指定します。さらに、breakで繰り返し処理を強制終了します。

　このようにJavaScriptを記述しておくと、ラジオボタンの数が増減したときにも、そのまま対応できるプログラムになります。ラジオボタンはONになる項目が1つしかないため、forとbreakで処理すると、効率よくJavaScriptを記述できます。

続いては、セレクトボックスを扱う方法について解説します。セレクトボックスを作成するときは、select要素とoption要素を使って以下のようにHTMLを記述します。

```
<select id="ID名">
  <option value="………">項目1</option>
  <option value="………">項目2</option>
  <option value="………">項目3</option>
      ⋮
</select>
```

value属性は、それぞれのoption要素に記述されています。このため、value属性の値を利用するときは、(**option要素**).**value** とJavaScriptを記述するのが基本的な考え方となります。ただし、特例として、以下のようにJavaScriptを記述することも可能となっています。

(**select要素**).**value**

この場合は、**選択されている項目（option要素）のvalue属性**が取得されます。各option要素のON／OFFを調べる必要はありません。(select要素).valueと記述するだけで、選択されている項目のvalue属性を取得できます。

具体的な例を示しておきましょう。以下は、「選択した地域」に応じて「店舗の一覧」を書き換えるJavaScriptの例です。

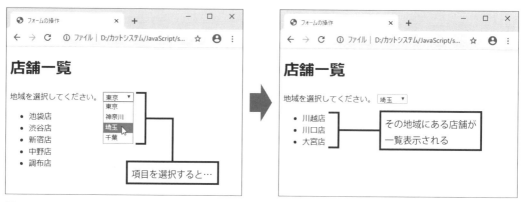

図24-2　セレクトボックスの活用

▼ sample24-2.html

```
      ⋮
10   <body>
11   <h1>店舗一覧</h1>
```

```
12  <div>地域を選択してください。
13    <select id="area">
14      <option value="tokyo">東京</option>
15      <option value="kanagawa">神奈川</option>
16      <option value="saitama">埼玉</option>
17      <option value="chiba">千葉</option>
18    </select>
19  </div>
20  <ul id="shop_ul">
21    <li>池袋店</li>
22    <li>渋谷店</li>
23    <li>新宿店</li>
24    <li>中野店</li>
25    <li>調布店</li>
26  </ul>
27
      ⋮
```

各項目にvalue属性に指定

・13〜18行目

　セレクトボックスを作成するHTMLの記述です。「どの項目が選択されているか？」を確認する
ために、"tokyo"や"kanagawa"などの文字をvalue属性に指定しています。

▼ **sample24-2.html**（続き）

```
      ⋮
28  <script>
29  let tokyo = ['池袋店', '渋谷店', '新宿店', '中野店', '調布店']
30  let kanagawa = ['横浜店', '川崎店', '藤沢店', '平塚店']
31  let saitama = ['川越店', '川口店', '大宮店']
32  let chiba = ['千葉店', '柏店', '木更津店']
33
34  document.getElementById('area').addEventListener('change', areaChange);
      ⋮
```

各地域にある店舗を
配列として宣言

・29〜32行目

　「各地域にある店舗」を配列として宣言しておきます。店舗の数は地域によって異なります。

・34行目

　セレクトボックスが変更されたときに、関数areaChange()を呼び出すイベントリスナーです。

▼ **sample24-2.html**（続き）

```
35  function areaChange() {
36    shopList = document.getElementById('shop_ul');        ul要素を取得し、内容を空にする
37    shopList.innerHTML = "";
38    let shop = [];
39    let selectArea = document.getElementById('area').value;
40    switch (selectArea) {                                  選択された項目のvalue属性を取得し、
41      case 'tokyo':                                        変数selectAreaに代入
42        shop = tokyo;          「東京」が選択された場合
43        break;
44      case 'kanagawa':
45        shop = kanagawa;       「神奈川」が選択された場合
46        break;
47      case 'saitama':
48        shop = saitama;        「埼玉」が選択された場合
49        break;
50      case 'chiba':
51        shop = chiba;          「千葉」が選択された場合
52        break;
53    }
54    for (let i = 0; i < shop.length; i++) {
55      shopList.insertAdjacentHTML('beforeend', '<li>' + shop[i]+ '</li>');
56    }
57  }
58  </script>                                                ul要素内に
59  </body>                                                  li要素を追加する処理
       ⋮
```

・36〜37行目

「店舗の一覧」を表示するul要素を取得し、変数shopListに代入します（36行目）。続いて、ul要素内のHTMLをinnerHTMLで削除します（37行目）。店舗の数は「地域」によって異なるため、「現在のli要素をすべて削除し、その後、必要な数だけli要素を追加する」という手順で処理していきます。

・38行目

新しく表示する「店舗の一覧」を保管する配列shopを宣言します。現時点では「選択された地域」をまだ調べられていないため、空の配列として宣言します。

・39行目

(select要素).valueで「選択されている項目のvalue属性」を取得し、変数selectAreaに代入します。

144

・40～53行目

変数selectAreaの値に応じて条件分岐させるswitch文です。たとえば、変数selectArea
の値が'tokyo'であった場合は、配列shopに配列tokyoを代入します（41～43行目）。他の
地域が選択された場合も同様の処理が行われます。この結果、配列shopには「選択された地域
にある店舗」が代入されることになります。

・54～56行目

「選択された地域にある店舗」を表示する繰り返し処理です。「店舗の一覧」を表示するul要素
は、変数shopListに代入されています。このul要素の中に、insertAdjacentHTML()で
li要素を追加していきます。各li要素の文字は、shop[i]で指定しています。

 ワンポイント

---

select要素のプロパティ

　select要素に対して、以下のプロパティを使用することも可能です。プログラムを作成する
ときの参考としてください。

(select要素).selectedIndex

　「何番目の項目が選択されているか？」を数値で返します。

　※項目を0番目から数えることに注意してください。

(select要素).length

　セレクトボックス内にある「項目の数」（option要素の数）を数値で返します。

 ワンポイント

---

option要素のプロパティ

　ラジオボタンのように、各項目（option要素）のON／OFFを確認してプログラムを作成す
ることも可能です。この場合は、以下のプロパティを使用します。

(option要素).selected

　「その項目が選択されているか？」をtrueまたはfalseで返します。

(option要素).value

　その項目の「value属性の値」を返します。

（1）以下のようにHTMLを記述し、「選択した項目」に応じて画像を変化させるJavaScriptを作成して
みましょう。

```
<body>
<h1>タヒチの写真</h1>
<p>写真を選択してください。
  <select id="choice">
    <option value="big_pic01.jpg">ホテルの室内1</option>
    <option value="big_pic02.jpg">海へ降りる階段</option>
    <option value="big_pic03.jpg">朝食</option>
    <option value="big_pic04.jpg">ホテルの室内2</option>
    <option value="big_pic05.jpg">夕暮れの風景</option>
    <option value="big_pic06.jpg">ビーチリゾート</option>
    <option value="big_pic07.jpg">海岸と船</option>
  </select>
</p>
<img id="photo" src="big_pic01.jpg">

                    ← ここにJavaScriptを作成
</body>
```

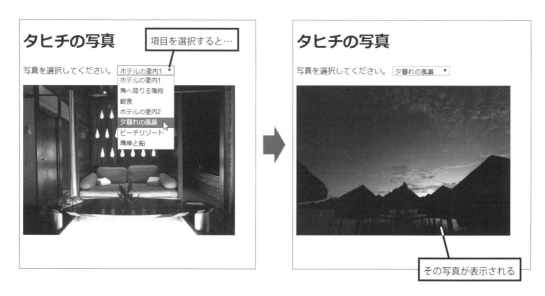

※ この演習で使用する画像は、以下のURLからダウンロードできます。
　 http://cutt.jp/books/978-4-87783-807-2/
※ セレクトボックスが変更されたら、関数changeImg()を呼び出します。
※ 関数changeImg()では、以下の手順で処理を実行します。
　　①「選択されている項目のvalue属性」を取得し、変数fileNameに代入します。
　　② img要素のsrc属性を変数fileNameに変更します。

Step 25 日付、時刻の操作

ステップ 25 では、日付や時刻を JavaScript で扱う方法を解説します。JavaScript では、日時もオブジェクトとして管理されており、メソッドを使って値を指定したり、取り出したりする仕組みになっています。

25.1 Date オブジェクトの作成

日付や時刻は「モノ」ではありませんが、JavaScript ではオブジェクトの一種として扱います。JavaScript で日時を処理するときは、以下のように記述して **Date オブジェクト**を作成します。

```
let 変数名 = new Date();
```

new は、新しいオブジェクトを作成する命令です。作成された Date オブジェクトは、「=」の左辺に記述した変数に代入されます。

たとえば、以下のように JavaScript を記述すると、変数 now に現在の日時が保管されます。この日時は、alert() や console.log() などで表示できます。

```
let now = new Date();
alert(now);
```

図 25-1 Date オブジェクトの表示

25.2 Date オブジェクトから年月日、時分秒を取り出す

図 25-1 に示したように、Date オブジェクトをそのまま表示することも可能ですが、一般的な日時の表示形式にはなりません。このような場合は、Date オブジェクトの**メソッド**を使うと、「○年○月○日」や「○時○分○秒」といった形で日時を表示できるようになります。

Date オブジェクトから年月日や時分秒を取り出す**メソッド**は、以下のとおりです。

■年月日、時分秒を取り出すメソッド

getFullYear() ························· ○年（西暦）を4桁の数値として取り出す
getMonth() ······························ ○月を数値として取り出す（0〜11）
getDate() ······························· ○日を数値として取り出す（1〜31）
getDay() ································ 曜日を数値として取り出す（0〜6）

```
getHours()          ○時を数値として取り出す（0〜23）
getMinutes()        ○分を数値として取り出す（0〜59）
getSeconds()        ○秒を数値として取り出す（0〜59）
getMilliseconds()   ○ミリ秒（1/1000秒）を数値として取り出す（0〜999）
getTime()           1970年1月1日の0時からの経過時間をミリ秒で取り出す
```

ただし、**getMonth()** で「○月」を取り出したときは、**0〜11の数値が返される**ことに注意してください。これを1〜12月と表示するには、取り出した値に1を足す必要があります。また、**getDay()** で「曜日」を取り出したときは、0〜6の数値が返されます。この対応は、0が日曜日、1が月曜日、2が火曜日、……、6が土曜日となります。

具体的な例を紹介しておきましょう。以下は、現在の時刻を「○時○分○秒」と表示するJavaScriptの例です。

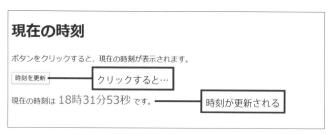

図25-2　現在の時刻の表示

▼ **sample25-1.html**

```
     ⋮
17  <h1>現在の時刻</h1>
18  <p>ボタンをクリックすると、現在の時刻が表示されます。</p>
19  <button id="btn">時刻を更新</button>
20  <p>現在の時刻は <span id="now_time"></span> です。</p>
21
22  <script>
23  window.addEventListener('load',changeTime);
24  document.getElementById('btn').addEventListener('click', changeTime);
25  function changeTime() {
26    let now = new Date();          ← Dateオブジェクトを作成し、変数nowに代入
27    let hh = now.getHours();
28    let mm = now.getMinutes();     ← 時、分、秒を取り出し、変数に代入
29    let ss = now.getSeconds();
30    let text = hh + '時' + mm + '分' + ss + '秒';
31    document.getElementById('now_time').textContent = text;
32  }                                ← 「○時○分○秒」という形でspan要素に表示
33  </script>
     ⋮
```

このプログラムには、2つのイベントリスナーが指定されています。23行目は「Webページが表示された直後」、24行目は「ボタンがクリックされたとき」に関数を呼び出すイベントリスナーです。どちらも関数changeTime()を呼び出すことにより、現在の時刻を表示しています。関数changeTime()では、以下の手順で処理を実行しています。

・26行目

新たにDateオブジェクトを作成し、変数nowに代入します。関数changeTime()は、Webページが表示された直後に呼び出されるため、最初は変数nowに「Webページが表示されたとき」の日時が代入されます。ボタンをクリックすると、もういちど関数changeTime()が呼び出され、変数nowの日時が「ボタンをクリックしたとき」に更新されます。

・27～29行目

変数nowから「時」、「分」、「秒」の数値を取り出し、変数hh、mm、ssに代入します。

・30～31行目

取り出した数値を使って「○時○分○秒」という形に文字を成形し、変数textに代入します（30行目）。その後、span要素の文字を「変数textの値」に変更することで、Webページに時刻を表示しています（31行目）。

25.3　Dateオブジェクトに年月日、時分秒を指定する

作成したDateオブジェクトの年月日や時分秒を指定するメソッドも用意されています。これらのメソッドを使うときは、「指定する年月日や時分秒」をカッコ内に記述します。

■年月日、時分秒を指定するメソッド

`setFullYear()` ……………………… ○年（西暦）を4桁の数値で指定する
`setMonth()` ………………………… ○月を指定する（0～11）
`setDate()` …………………………… ○日を指定する（1～31）
`setHours()` ………………………… ○時を指定する（0～23）
`setMinutes()` ……………………… ○分を指定する（0～59）
`setSeconds()` ……………………… ○秒を指定する（0～59）
`setMilliseconds()` ………… ○ミリ秒（1/1000秒）を指定する（0～999）
`setTime()` ……………………………… 1970年1月1日の0時からの**経過時間**を**ミリ秒**で指定する

たとえば、以下のようにJavaScriptを記述すると、変数xDayに保管した日時の「日」だけを24日に変更することができます。

```
let xDay = new Date();
xDay.setDate(24);
```

また、日時を指定してDateオブジェクトを作成する方法もあります。この場合は、以下のように JavaScript を記述します。

```
let 変数名 = new Date(年, 月, 日, 時, 分, 秒);
```

このとき、時分秒の指定を省略することも可能です。この場合は、0時0分0秒の時刻が自動的に指定されます。

```
let 変数名 = new Date(年, 月, 日);
```

どちらの方法で日時を指定する場合も、「○月」が**0～11の数値で表される**ことに注意してください。たとえば、4月を指定するときは、4から1を引いた「3」を値に指定する必要があります。

日時を指定したDateオブジェクトの具体的な例を紹介しておきましょう。以下は、指定した日付（2030年6月1日）までの残り日数を表示するJavaScriptの例です。

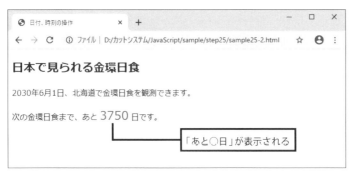

図25-3　残り日数の計算

▼sample25-2.html

```
      ⋮
17  <h2>日本で見られる金環日食</h2>
18  <p>2030年6月1日、北海道で金環日食を観測できます。</p>
19  <p>次の金環日食まで、あと <span id="num"></span> 日です。</p>
20
21  <script>
22  let today = new Date();
23  let theDay = new Date(2030, 5, 1);
24  let ms = theDay.getTime() - today.getTime();
25  let days =  ms / (24 * 60 * 60 * 1000);
26  days = Math.ceil(days);
27  document.getElementById('num').textContent = days;
28  </script>
      ⋮
```

2つのDateオブジェクトを作成

Dateオブジェクトの差を計算し、1日単位に変換

このJavaScriptは関数として定義されていないため、Webページが読み込まれると同時に実行されます。イベントなしで、JavaScriptを即座に実行する方法として覚えておいてください。

・22〜23行目

2つのDateオブジェクトを作成しています。変数todayには「現在」の日時、変数theDayには「2030年6月1日」の日時を保管します。6月を「5」で指定することを間違えないように注意してください。

・24行目

theDayとtodayについて、getTime()メソッドで「1970年1月1日からの経過時間」をミリ秒で取り出し、その差を変数msに代入します（24行目）。

・25〜26行目

1日をミリ秒に直すと、24（時間）×60（分）×60（秒）×1000（ミリ秒）となります。よって、変数msを（24×60×60×1000）で割ると、残りの日数daysを求められます（25行目）。この計算結果には、小数点以下の数値が含まれます。よって、Math.ceil()で小数点以下を切り上げて、変数daysを整数にします（26行目）。

※Mathオブジェクトの使い方は、ステップ26で詳しく解説します。

・27行目

span要素の文字を「変数daysの値」に変更して、Webページに残り日数を表示します。

演 習

（1）以下のようにHTMLを記述し、セレクトボックスの項目（option要素）をJavaScriptで追加してみましょう。

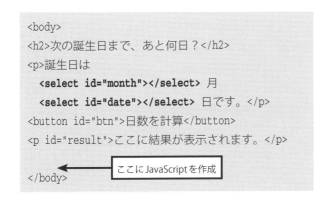

```html
<body>
<h2>次の誕生日まで、あと何日？</h2>
<p>誕生日は
  <select id="month"></select> 月
  <select id="date"></select> 日です。</p>
<button id="btn">日数を計算</button>
<p id="result">ここに結果が表示されます。</p>

← ここにJavaScriptを作成
</body>
```

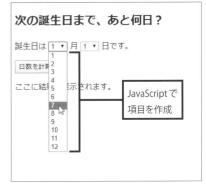

※forとinsertAdjacentHTML()を使って、次ページに示したoption要素を追加します。

```
<select id="month">の中                      <select id="date">の中
<option value="0">1</option>              <option value="1">1</option>
<option value="1">2</option>              <option value="2">2</option>
<option value="2">3</option>              <option value="3">3</option>
    ⋮                                         ⋮
<option value="11">12</option>            <option value="31">31</option>
```

「○月」から1を引いた値　　　　　　　　　　　　　「○日」と同じ値

※ このJavaScriptはWebページが読み込まれたときに実行するので、関数にしない形で記述します。

（2）続いて、「次の誕生日まで、あと○日」を表示するJavaScriptを作成してみましょう。

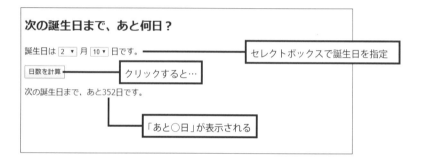

次の誕生日まで、あと何日？

誕生日は 2 ▼ 月 10 ▼ 日です。━━━━━━━　セレクトボックスで誕生日を指定

[日数を計算]━━━　クリックすると…

次の誕生日まで、あと352日です。

━━━　「あと○日」が表示される

※ ボタンをクリックすると、関数showDays()を呼び出します。

※ 関数showDays()では、以下の手順で処理を実行します。
　　① 変数todayと変数birthdayを宣言します。最初は、どちらも「現在」の日時を保管しておきます。
　　② セレクトボックスから「選択されている項目のvalue属性」を取得し、「○月」のvalue属性を変数mm、「○日」のvalue属性を変数ddに代入します。
　　③ birthdayの「○月」をsetMonth()でmmに変更します。
　　④ birthdayの「○日」をsetDate()でddに変更します。
　　⑤「すでに今年の誕生日を終えているか？」を確認します。(birthday <= today)の条件で2つの変数を比較し、条件を満たす場合は変数birthdayの「○年」に1を足します。
　　　　※ birthdayから「○年」を取得して変数yyに代入し、その後、birthdayの「○年」をyy+1に変更します。
　　⑥ birthdayとtodayの差（ミリ秒）を「birthday.getTime() - today.getTime()」で計算し、変数msに代入します。
　　⑦ 以降の処理は、sample25-2.htmlとほとんど同じです。ミリ秒を日数に変換する計算を行い、<p id="result"> ～ </p>の文字を書き換えます。

Mathオブジェクト

JavaScriptには、さまざまな数値計算を行えるMathオブジェクトが用意されています。ステップ26では、Mathオブジェクトの使い方を学習します。

26.1　Mathオブジェクトとは？

JavaScriptには、さまざまな数値計算に利用できる**Mathオブジェクト**が用意されています。数値を切り上げたり、平方根を求めたりする場合のように、演算子では記述できない計算を行うときに利用します。

このステップでは、Mathオブジェクトの**プロパティ**と**メソッド**を紹介していきます。

26.2　Mathオブジェクトのプロパティ

数学でよく利用される定数は、Mathオブジェクトの**プロパティ**として用意されています。これらのプロパティは読み出し専用で、値を変更することはできません。

■Mathオブジェクトのプロパティ

プロパティ	値	意味
PI	3.141592653589793	円周率（π）
SQRT2	1.4142135623730951	2の平方根
SQRT1_2	0.7071067811865476	1/2の平方根
E	2.718281828459045	自然対数の底（e）
LOG10E	0.4342944819032518	10を底とする自然対数
LOG2E	1.4426950408889634	2を底とする自然対数
LN10	2.302585092994046	eを底とする10の自然対数
LN2	0.6931471805599453	eを底とする2の自然対数

たとえば、円周率を示すMath.PIを利用すると、「円の面積」や「円周の長さ」を計算できます。

```
let r = 5;
let l = 2 * Math.PI * r;
let S = Math.PI * r * r;
document.getElementById('num_1').textContent = l;
document.getElementById('num_2').textContent = S;
```

図26.1　Math.PIを利用した計算

　Mathオブジェクトの**メソッド**には、切り捨て／切り上げ／四捨五入、平方根を求める、sinを求める、などの命令が用意されています。以下に、代表的なメソッドを紹介しておくので参考にしてください。

■Mathオブジェクトのメソッド（数値の処理）

メソッド	書式	処理内容
abs()	Math.abs(n)	nの絶対値を返す
floor()	Math.floor(n)	nの小数点以下を切り捨てた整数を返す
ceil()	Math.ceil(n)	nの小数点以下を切り上げた整数を返す
round()	Math.round(n)	nの小数点以下を四捨五入した整数を返す
min()	Math.min(n1, n2, n3,……)	最小の数値を返す
max()	Math.max(n1, n2, n3,……)	最大の数値を返す

　なお、floor()やceil()で**負の数**の「切り捨て」や「切り上げ」を行った場合は、以下の図のような結果になります。注意してください。

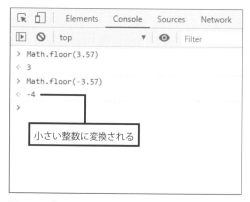
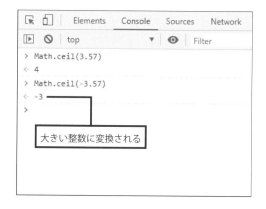

図26-2　「切り捨て」と「切り上げ」

154

■ Math オブジェクトのメソッド（べき乗、平方根、対数）

メソッド	書式	処理内容
pow()	Math.pow(n, m)	nのm乗を返す
sqrt()	Math.sqrt(n)	nの平方根（$\sqrt{\ }$）を返す
log()	Math.log(n)	nの自然対数（$\log_e$）を返す
exp()	Math.exp(n)	e（自然対数の底）のn乗を返す

■ Math オブジェクトのメソッド（三角関数）

メソッド	書式	処理内容
sin()	Math.sin(n)	nのサイン（sin）を返す
cos()	Math.cos(n)	nのコサイン（cos）を返す
tan()	Math.tan(n)	nのタンジェント（tan）を返す

※ nの単位はラジアンです。

■ Math オブジェクトのメソッド（乱数の発生）

メソッド	書式	処理内容
random()	Math.random()	0以上1未満の数値をランダムに返す（乱数）

26.4 乱数を利用したJavaScript

Mathオブジェクトの**random()**を使うと、ランダムな数値（**乱数**）を発生させることができます。以下は、Math.random()を使って「おみくじ」を作成した例です。

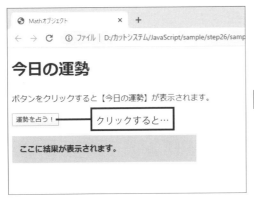
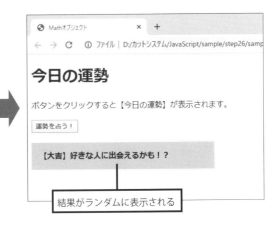

図26-3 おみくじの作成

▼sample26-1.html

```
      ⋮
19    <body>
20    <h1>今日の運勢</h1>
21    <p>ボタンをクリックすると【今日の運勢】が表示されます。</p>
22    <button id="btn">運勢を占う！</button>
23    <div id="result">ここに結果が表示されます。</div>
24
25    <script>
26    document.getElementById('btn').addEventListener('click', omikuji);
27    function omikuji() {
28      let list = [];
29      list[0] = '【大吉】好きな人に出会えるかも！？';
30      list[1] = '【中吉】何事もなく過ぎていく普通の日';
31      list[2] = '【小吉】明日に期待しましょう！';
32      list[3] = '【凶】何をしても失敗ばかり・・・';
33      let n = Math.random() * list.length;
34      n = Math.floor(n);
35      document.getElementById('result').textContent = list[n];
36    }
37    </script>
38    </body>
      ⋮
```

> 変数nの値は0、1、2、3のいずれか

> list[n]の文字を表示

・28〜32行目

　配列listを宣言し、その値に「占い結果として表示する文字」を代入しておきます。

・33行目

　Math.random()により0以上1未満の乱数を発生させます。今回の例では、配列listに4個の値があるので、list.lengthは4になります。よって、変数nは0以上4未満の乱数になります。

・34行目

　Math.floor()で変数nの小数点以下を切り捨てます。この結果、変数nの値は0、1、2、3のいずれかになります。

・35行目

　textContentを使って、div要素の文字をlist[n]に変更します。

　この例のように、配列の長さ（length）を利用して乱数を発生させると、「占い結果」の数が変化してもそのまま使えるプログラムを作成できます。

たとえば、list[4]として「新しい占い結果」を追加すると、list.lengthの値は5になり、変数nの値は0、1、2、3、4のいずれかになります。よって、他の部分を変更しなくても、プログラムをそのまま使うことができます。

（1）4.56と-4.56についてMath.floor()、Math.ceil()、Math.round()を実行すると、どのような値が返されるかをコンソールで確認してみましょう。

（2）Math.random()を使用し、2つのサイコロ画像をランダムに表示するJavaScriptを作成してみましょう。

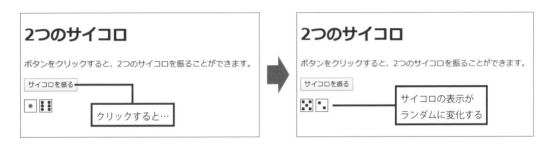

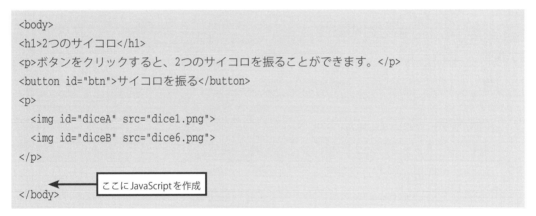

```
<body>
<h1>2つのサイコロ</h1>
<p>ボタンをクリックすると、2つのサイコロを振ることができます。</p>
<button id="btn">サイコロを振る</button>
<p>
  <img id="diceA" src="dice1.png">
  <img id="diceB" src="dice6.png">
</p>

</body>
```
ここにJavaScriptを作成

※ この演習で使用する画像は、以下のURLからダウンロードできます。
　　http://cutt.jp/books/978-4-87783-807-2/
※ 最初は「1」と「6」のサイコロ画像を表示しておきます。
※ ボタンをクリックすると、関数rollDice()を呼び出します。
※ 関数rollDice()では、以下の手順で処理を実行します。
　　① Math.random()を使って0以上6未満の乱数を発生させ、変数n、mに代入します。
　　② Math.floor()を使って変数n、mの値を1～6の整数に変換します。
　　　※小数点以下を切り捨てて1を足します。
　　③ 変数n、mを利用して、表示する画像ファイルを変更します。

文字の操作

JavaScriptには、文字に対してさまざまな処理を実行できるメソッドも用意されています。ステップ27では、文字を抜き出したり、置き換えたりするメソッドの使い方を学習します。

27.1 文字変数のプロパティ

まずは、文字変数に対して指定できる**プロパティ**について解説します。文字変数に**length**というプロパティを付けると、その変数の**文字数**をカウントすることができます。たとえば、以下のようにJavaScriptを記述すると、「こんにちは」の文字数となる5が変数numに代入されます。

```
let text = 'こんにちは';
let num = text.length;
```

27.2 文字変数のメソッド

文字変数に対して**メソッド**を実行し、さまざまな処理を行うことも可能です。以下に、代表的なメソッドを紹介しておくので参考にしてください。

■文字変数に指定できる主なメソッド

書式	処理内容
変数名.toLowerCase()	アルファベットを小文字に変換する
変数名.toUpperCase()	アルファベットを大文字に変換する
変数名.indexOf('文字', n)	指定した'文字'が先頭から何番目にあるかを返す ・n番目の文字から後方へ検索します（nは省略可）。 ・指定した'文字'が見つからない場合は、-1を返します。
変数名.charAt(n)	n番目の文字を抜き出す
変数名.substring(n, m)	n番目から（m-1）番目の文字を抜き出す ・mを省略すると、n番目以降の文字を抜き出す。
変数名.slice(n, m)	n番目から（m-1）番目の文字を抜き出す ・n、mに負の数を指定すると、「最後から○番目の文字」を指定できます。

変数名`.split('文字')`	指定した'文字'で分割して配列にする
変数名`.replace('文字', '文字2')`	指定した'文字'を'文字2'に置き換えます。 ・'文字2'に''を指定すると、指定した'文字'を削除できます。

なお、これらのメソッドを使用するときは、**○番目を0から数える**ことに注意してください。たとえば、「ようこそWebページへ」の場合、「そ」は3番目の文字になります。

ようこそWebページへ

0 1 2 3 4 5 6 7 8 9 10

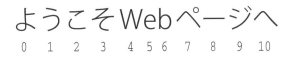

【使用例1】「そ」の文字が何番目にあるかを調べる

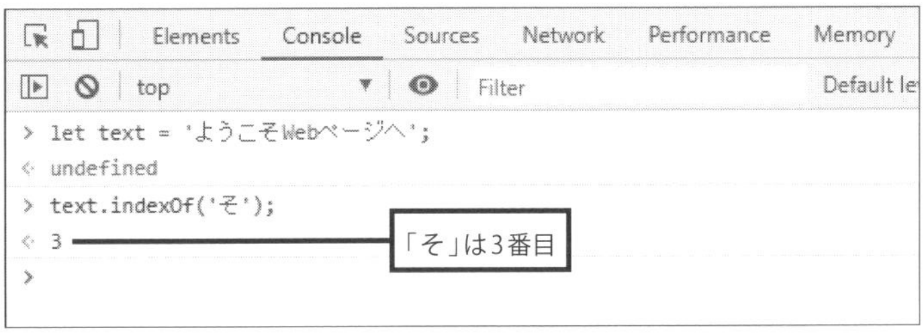

Elements
Console
Sources
Network
Performance
Memory
top
Filter
Default le
> let text = 'ようこそWebページへ';
< undefined
> text.indexOf('そ');
< 3
>
「そ」は3番目

図27-1　indexOf()が返す値

【使用例2】4番目から(10-1)番目を抜き出す

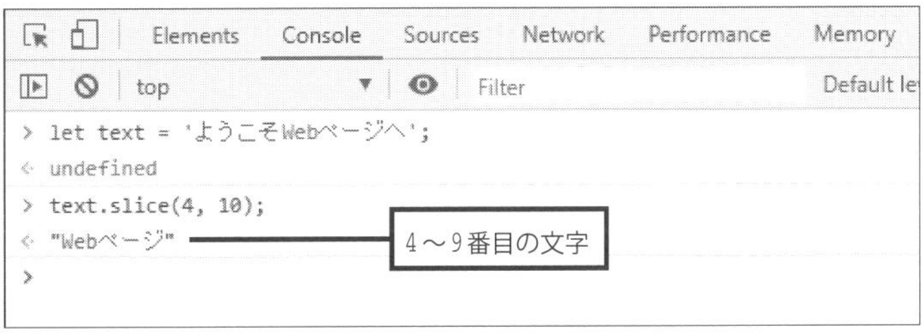

Elements
Console
Sources
Network
Performance
Memory
top
Filter
Default le
> let text = 'ようこそWebページへ';
< undefined
> text.slice(4, 10);
< "Webページ"
>
4～9番目の文字

図27-2　slice()が返す値

27.3　文字変数のメソッドを使用したファイル名の指定

続いては、文字変数のメソッドを使用した例を紹介していきます。P125～127で紹介したJavaScriptでは、先頭に`'big_'`の文字を追加することで「大きい画像のファイル名」を指定しました。しかし、この手法が使えない場合もあります。

たとえば、以下のようなルールでファイル名が付けられていた場合、「小さい画像」のファイル名から '-s' の文字を削除する必要があるため、「文字の足し算」で処理することはできません。

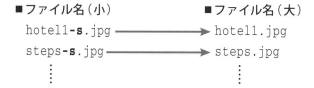

■ファイル名（小）　　　　　■ファイル名（大）
　hotel1**-s**.jpg ⟶ hotel1.jpg
　steps**-s**.jpg ⟶ steps.jpg
　　⋮　　　　　　　　　　⋮

このような場合は、文字変数のメソッドを使ってファイル名を加工すると、「大きい画像」のファイル名を指定できます。

▼ sample27-1.html

```
        ⋮
34  <h1>PHOTO ALBUM</h1>
35  <div id="photo_frame">
36    <img id="big_img" src="hotel1.jpg">
37  </div>
38  <div id="photo_list">
39    <img src="hotel1-s.jpg">
40    <img src="steps-s.jpg">
41    <img src="breakfast-s.jpg">
42    <img src="hotel2-s.jpg">
43    <img src="sunset-s.jpg">
44    <img src="beach-s.jpg">
45    <img src="ship-s.jpg">
46  </div>
47
48  <script>
49  let img = document.querySelectorAll('#photo_list img');
50  for (let i = 0; i < img.length; i++) {
51    img[i].addEventListener('click', function() {
52      mClick(this);
53    } );
        ⋮
60  }
61
62  function mClick(obj) {
63    let fileName = obj.getAttribute('src');
64    let dotNo = fileName.indexOf('.');
65    let bigFile = fileName.slice(0, dotNo - 2);
66    document.getElementById('big_img').setAttribute('src', bigFile + '.jpg');
67  }
        ⋮
```

64行目の吹き出し：「.」が何番目にあるかを調べる

65行目の吹き出し：「.」の2文字前までを抜き出す

・63行目

クリックした画像のsrc属性を取得し、変数fileNameに代入します。

・64行目

変数fileNameの中で「.」（ピリオド）が何番目にあるかを調べ、変数dotNoに代入します。

・65行目

変数fileNameの0番目から（dotNo-2）番目の文字を抜き出すと、'-s'を除いた文字に加工できます。これを変数bigFileに代入します。

・66行目

変数bigFileに'.jpg'の文字を追加すると、「大きい画像」のファイル名になります。これを新しいsrc属性の値として指定します。

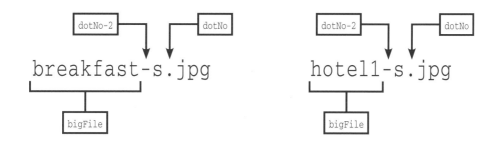

なお、同様の処理をreplace()で実現することも可能です。以下の例では、'-s'の文字を「文字なし」に置き換えることにより、ファイル名から'-s'の部分だけを削除しています。

▼ sample27-2.html

```
         ⋮
62  function mClick(obj) {
63    let fileName = obj.getAttribute('src');          '-s'の文字を削除する
64    let bigFile = fileName.replace('-s', '');
65    document.getElementById('big_img').setAttribute('src', bigFile);
66  }
         ⋮
```

こちらの方が簡単ですが、状況によっては不具合が生じることに注意してください。たとえば、「小さい画像」のファイル名が「blue-sea-s.jpg」であった場合、replace('-s', '')により得られる文字は「blueea-s.jpg」になります。この場合、「大きい画像」のファイル名を正しく指定できません。

（1）以下のようにHTMLを記述し、画像の上にマウスを移動すると、「ファイル名」^(※)と「拡張子」
を表示するJavaScriptを作成してみましょう。
※ ここでは「拡張子より前にある文字」を指します。

```
<h1>ファイル名と拡張子</h1>
<p>画像の上にマウスを移動すると、ファイル名と拡張子が表示されます。</p>
<div id="photos">
    <img src="streetlamp.gif">
    <img src="airplane.jpg">
    <img src="sunset.png">
</div>
<p>ファイル名：<span id="name"></span><br>拡張子：<span id="exte"></span></p>
```

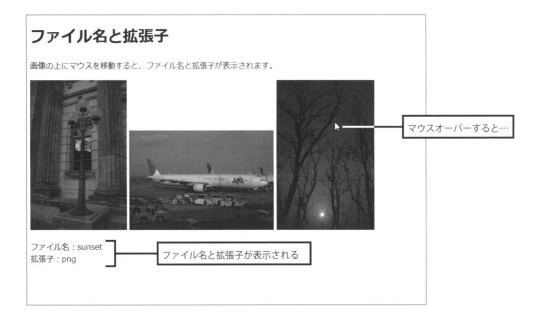

※ この演習で使用する画像は、以下のURLからダウンロードできます。
http://cutt.jp/books/978-4-87783-807-2/

※ 画像の上にマウスを移動すると、thisを引数にして関数mOver()を呼び出します。
※ 画像の外にマウスを移動すると、関数mOut()を呼び出します。
※ 関数mOver()では、以下の手順で処理を実行します。
　　① マウスオーバーした画像のsrc属性を取得し、変数fileNameに代入します。
　　② 変数fileNameの文字をsplit('.')で分割し、配列textに代入します。
　　③ span要素の文字をtext[0]とtext[1]に変更します。
※ 関数mOut()には、span要素の文字を削除する処理を記述します。

Step 28 オブジェクト変数

1つの変数で「複数の値」をまとめて管理することも可能です。この場合は、オブジェクト変数を作成します。ステップ28では、オブジェクト変数の使い方を学習します。

28.1 オブジェクト変数の使い方

変数を**オブジェクト**として宣言すると、1つの変数で「複数の値」を管理できるようになります。この場合は、**キー**と**値**を{………}で囲んで以下のように変数を宣言します。

```
let 変数名 = {
  キーA: 値A,
  キーB: 値B,
  キーC: 値C,
      ⋮
};
```

なお、このように{………}で囲んで宣言された変数のことを**連想配列**と呼ぶ場合もあります。

変数をオブジェクトとして宣言した場合は、それぞれの値を**プロパティ**として扱えるようになります。具体的な例を示して解説していきましょう。以下は、お店の情報をWebページに表示するJavaScriptの例です。実用的な例ではありませんが、オブジェクトの使い方を理解するための参考としてください。

図28-1　オブジェクトを使った情報の表示

```
 10  <body>
 11  <h2>店舗の情報</h2>
 12  <div>
 13      【店舗名】 <span id="s_name"></span><br>
 14   【営業時間】 <span id="s_time"></span><br>
 15      【席数】 <span id="s_seat"></span>席<br>
 16   【電話番号】 <span id="s_tel"></span><br>
 17    【定休日】 <span id="s_closed"></span><br>
 18  </div>
 19
 20  <script>
 21  let nagoya = {
 22    name: '名古屋店',
 23    time: '11時30分～21時00分',        オブジェクトの宣言
 24    seat: 142
 25  };
 26  nagoya.tel = '052-123-4567';        キーと値の追加
 27  nagoya.closed = '火曜日';
 28
 29  document.getElementById('s_name').textContent = nagoya.name;
 30  document.getElementById('s_time').textContent = nagoya.time;
 31  document.getElementById('s_seat').textContent = nagoya.seat;
 32  document.getElementById('s_tel').textContent = nagoya.tel;
 33  document.getElementById('s_closed').textContent = nagoya.closed;
 34  </script>
 35  </body>
```

・21～25行目

変数nagoyaをオブジェクトとして宣言している部分です。今回は、name、time、seatという3つのキーを用意し、それぞれの値に「名古屋店」、「11時30分～21時00分」、「142」を指定しました。なお、値に文字を指定するときは、その文字を「 ' 」や「 " 」で囲んで記述する必要があります。これは、通常の変数の場合と同じです。

・26～27行目

オブジェクトnagoyaにキーと値を追加している部分です。telのキーで「052-123-4567」という値、closedのキーで「火曜日」という値を追加しています。このように、「変数名」をオブジェクト、「キー」をプロパティーとして値を操作することが可能です。

・29〜33行目

　オブジェクトnagoyaに保管されている値を各span要素に表示している部分です。それぞれの値は、「**変数名.キー**」（オブジェクト名.プロパティ）の記述で取得できます。

※このJavaScriptは関数にしていないため、Webページが読み込まれるときに実行されます。

　このように、オブジェクト変数を使うと「複数の値」を1つの変数にまとめて管理できます。配列でも「複数の値」を管理できますが、それぞれの値を番号（添え字）で指定するため、「何の値が保管されているのか？」を把握しづらいのが弱点となります。このため、キー（プロパティ）で値を区別できるオブジェクトの方が便利に活用できるケースもあります。

 ワンポイント

[' キー ']を使った値の操作

　オブジェクトに値を代入したり、値を取得したりするときに、**変数名 [' キー ']** と記述することもできます。たとえば、nagoya ['name'] が示す値は、nagoya.name と同じになります。

　この記述方法は、半角スペースを含むキーを指定したい場合などに活用できます。たとえば、nagoya ['web page'] と記述すると、「web page」をキーとして値を扱えるようになります。

　また、キーを変数で指定するときにも、[' キー '] の記述方法が役に立ちます。たとえば、変数keyの値が 'tel' であった場合は、nagoya [key] と記述することで、nagoya.tel の値を操作できます。

28.2　オブジェクト配列の使い方

　配列の値にオブジェクトを指定することも可能です。P123〜124で示した例では、siteNameとsiteURL という2つの配列を使ってリンク先の情報を管理しました。オブジェクト配列を使うと、同様の処理を1つの配列で実現できるようになります。

図28-2　オブジェクト配列の利用例

```
1    <!DOCTYPE html>
2
3    <html lang="ja">
4
5    <head>
6    <meta charset="UTF-8">
7    <title>オブジェクト変数</title>
8    </head>
9
10   <body>
11   <h3>リンク集</h3>
12   <ul id="links">
13     <li><a href="https://www.google.com/">Google</a></li>
14     <li><a href="https://www.yahoo.co.jp/">Yahoo!</a></li>
15     <li><a href="https://www.bing.com/">Bing</a></li>
16   </ul>
17   <button id="toJR">JRのリンク集へ</button>
18
19   <script>                      空の配列を宣言
20   let jr = [];
21   jr[0] = {name:'JR北海道', url:'https://www.jrhokkaido.co.jp/'};
22   jr[1] = {name:'JR東日本', url:'https://www.jreast.co.jp/'};
23   jr[2] = {name:'JR東海',   url:'https://jr-central.co.jp/'};
24   jr[3] = {name:'JR西日本', url:'https://www.westjr.co.jp/'};     配列の値に
25   jr[4] = {name:'JR四国',   url:'https://www.jr-shikoku.co.jp/'};  オブジェクトを代入
26   jr[5] = {name:'JR九州',   url:'https://www.jrkyushu.co.jp/'};
27   jr[6] = {name:'JR貨物',   url:'https://www.jrfreight.co.jp/'};
28
29   let ul = document.getElementById('links');
30
31   document.getElementById('toJR').addEventListener('click', showJR);
32   function showJR() {
33     ul.innerHTML = '';                           ul要素内を削除
34     for (let i = 0; i < jr.length; i++) {
35       let html = '<li><a href="' + jr[i].url + '">' + jr[i].name + '</a></li>';
36       ul.insertAdjacentHTML('beforeend', html);
37     }                                              li要素の追加
38   }
39   </script>
40   </body>
41
42   </html>
```

166

・20行目

jrという名前で空の配列を宣言します。

・21〜27行目

リンク先の情報を、オブジェクトとして配列jrに代入していきます。値を{………}で囲んで記述すると、配列jrの各値にオブジェクトを代入できます。

・29行目

document.getElementById()でul要素を取得し、変数ulに代入しています。

・31行目

ボタンをクリックしたときに関数showJR()を呼び出すイベントリスナーです。

・32〜38行目

関数showJR()の定義です。以下の手順で処理を実行します。

　① innerHTMLに''を指定し、ul要素内にあるli要素を削除します（33行目）。

　② 配列jrの長さ（jr.length）だけ繰り返し処理を行います（34〜37行目）

　③「追加するli要素のHTML」を変数htmlに作成します。リンク先のURL（href属性）は jr[i].url、リンク文字はjr[i].nameで指定しています（35行目）。

　④ insertAdjacentHTML()を使って、ul要素内にli要素を追加していきます（36行目）。

　このように配列とオブジェクトを組み合わせると、内容を把握しやすく、繰り返し処理にも対応する配列を作成できます。少しだけ複雑になりますが、多くの情報を一括管理する方法として覚えておいてください。

演 習

（1）sample28-2.htmlに「検索サイトのリンク集へ」ボタンを追加し、元のリンク先に戻すJavaScript
を作成してみましょう。

```
       ⋮
11   <h3>リンク集</h3>
12   <ul id="links">
13     <li><a href="https://www.google.com/">Google</a></li>
14     <li><a href="https://www.yahoo.co.jp/">Yahoo!</a></li>
15     <li><a href="https://www.bing.com/">Bing</a></li>
16   </ul>
17   <button id="toJR">JRのリンク集へ</button>
18   <button id="toSE">検索サイトのリンク集へ</button>  ──── ボタンを追加
       ⋮
```

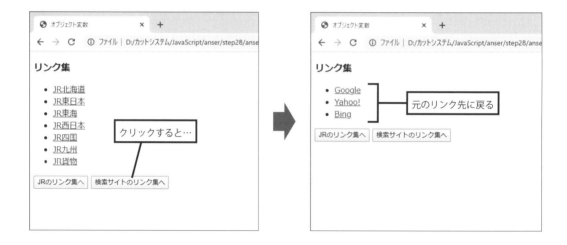

※ seという名前で空の配列を作成します。

※ 検索サイト（Google、Yahoo!、Bing）の「リンク文字」と「リンク先URL」をオブジェクトとし
て配列seに代入します。

※「検索サイトのリンク集へ」ボタンをクリックすると、関数showSE()を呼び出します。

※ 関数showSE()では、リンク先の表示を「検索サイト」に変更する処理を行います。

Step **29**

一定間隔で処理を繰り返す

JavaScriptには、一定の間隔で処理を繰り返したり、指定した時間が経過した後に処理を実行する命令も用意されています。このステップでは、setInterval()とsetTimeout()の使い方を学習します。

29.1 setInterval()の使い方

一定の間隔で同じ処理を繰り返すときは、**setInterval()**というメソッドを使用し、以下のようにJavaScriptを記述します。

    setInterval(関数名, 時間);

関数名の部分には、「一定の間隔で呼び出す関数」を**()を付けずに記述します**。続いて、**時間**の部分に「一定の間隔」を**ミリ秒（1/1000秒）**で指定します。たとえば、3秒間隔で関数abc()を繰り返して呼び出すときは、以下のようにJavaScriptを記述します。

```
setInterval(abc, 3000);
```

引数を指定して関数を呼び出したい場合は、P131～132でも紹介した**無名関数**を利用します。

```
setInterval(function() {
 関数名(引数1, 引数2, ……);
}, 時間);
```

同様の手法で、実行する処理を**関数名**の部分に直接記述することも可能です。

```
setInterval(function() {
  （実行する処理）
}, 時間);
```

29.2 setInterval()の中断

setInterval()を使用すると、指定した関数や処理が永遠に繰り返して実行されます。これを途中で中断させるときは、**clearInterval()**という命令を利用します。ただし、あらかじめsetInterval()にID名を付けておく必要があります。ID名を付けてsetInterval()を実行するときは、以下のようにJavaScriptを記述します。

> ID名 = setInterval(関数名, 時間);

そして、このID名をclearInterval()のカッコ内に記述することにより、繰り返し処理を中断します。

> clearInterval(ID名);

29.3 スライドショーの作成

それでは、setInterval()の具体的な活用例を紹介していきましょう。以下は、7枚の画像をスライドショーで表示するJavaScriptの例です。それぞれの画像が5秒間隔で自動的に繰り返して表示されます。

図29-1 スライドショー

5秒後

5秒後　スライドショーの中断

▼ sample29-1.html

```
    ⋮
23  <h1>PHOTO ALBUM</h1>
24  <div id="photo_frame">
25    <img id="photo" src="big_pic01.jpg">
26  </div>
27  <p>この画像は5秒間隔で自動的に切り替わります。</p>
28  <button id="btn">スライドショーを停止</button>
```

```
29
30  <script>                              画像番号の初期値
31  let n = 1;
32  let slideshow = setInterval(changeImg, 5000);        5秒間隔で関数changeImg()を呼び出す
33
34  // ---------------------- 画像の変更 ----------------------
35  function changeImg() {
36    n++;
37    if (n > 7) {                     nが7より大きい場合は、
38       n = 1;                        nを1に戻す
39    }
40    let newFile = 'big_pic0' + n + '.jpg';
41    document.getElementById('photo').setAttribute('src', newFile);
42  }
43
44  // ------------------- 繰り返し処理の停止 -------------------
45  document.getElementById('btn').addEventListener('click', stopImg);
46  function stopImg() {
47    clearInterval(slideshow);              slideshowの繰り返しを中断
48  }
49  </script>
       ⋮
```

・31〜32行目

7枚の画像を管理する変数nを宣言し、初期値に1を代入しておきます（31行目）。続いて、5秒間隔で関数changeImg()を呼び出します。このsetInterval()には、slideshowという ID名を指定しています。

・35〜42行目

5秒間隔で呼び出される関数changeImg()の定義です。以下の手順で処理を実行します。

①「次の画像」を準備するために、変数nに1を足します（36行目）。

②変数nの値は1〜7の間で変化させます。よって、nの値が7より大きくなった場合は、nの値を1に戻します（37〜39行目）。

③変数nを利用して「次の画像」のファイル名を作成し、変数newFileに代入します。

④img要素のsrc属性に変数newFileを指定し、表示する画像を変更します。

・45〜48行目

ボタンがクリックされたときに、setInterval()の繰り返し処理を中断する記述です。ボタンがクリックされると、イベントリスナーにより関数stopImg()が呼び出されます（45行目）。関数stopImg()では、clearInterval()によりID名slideshowの繰り返し処理を中断します（47行目）。

29.4 setTimeout()の使い方

続いては、指定した時間が経過した後に関数を呼び出す **setTimeout()** の使い方を解説します。setTimeout()を使用するときは、以下のようにJavaScriptを記述します。

```
setTimeout(関数名, 時間);
```

setInterval()との違いは、関数が1回だけしか呼び出されないことです。**関数名**の部分に**無名関数**を記述することも可能です。

■引数を指定して関数を呼び出す場合
```
setTimeout(function() {
    関数名(引数1, 引数2, ……);
}, 時間);
```

■処理を直接記述する場合
```
setTimeout(function() {
    (実行する処理)
}, 時間);
```

29.5 スライドショーのアニメーション効果

先ほど紹介したスライドショーは瞬時に画像が変更されるため、少し面白みに欠けます。そこで、「フェードアウト」と「フェードイン」のアニメーション効果を追加した例を紹介しておきます。以下の例では、アニメーション効果を実現するためにsetTimeout()を使用しています。

■**フェードアウト**（少しずつ透明になっていくアニメーション効果）

■**フェードイン**（浮かび上がるように表示されるアニメーション効果）

```
      ⋮
30  <script>
31  let n = 1;
32  let slideshow = setInterval(changeImg, 5000);
33
34  // ----------------------- 画像の変更 -----------------------
35  function changeImg() {
36    // 画像ファイル名の生成
37    n++;
38    if (n > 7) {
39        n = 1;
40    }
41    let newFile = 'big_pic0' + n + '.jpg';
42
43    // フェードアウト（0.1～1.0秒後）
44    for (let i = 1; i <= 10; i++) {
45      setTimeout(function() {
46        let alpha = (10 - i) / 10;
47        document.getElementById('photo').style.opacity = alpha;
48      }, i * 100);
49    }                        ┌─ 0.1～1.0秒後に実行される
50
51    // 画像の変更（1.0秒後）
52    setTimeout(function() {
53      document.getElementById('photo').setAttribute('src', newFile);
54    }, 1000);
55                             ┌─ 1秒後に実行される
56    // フェードイン（1.1～2.0秒後）
57    for (let i = 11; i <= 20; i++) {
58      setTimeout(function() {
59        let alpha = (i - 10) / 10;
60        document.getElementById('photo').style.opacity = alpha;
61      }, i * 100);
62    }                        ┌─ 1.1～2.0秒後に実行される
63
64  }
      ⋮
```

・37～41行目

sample29-1.htmlと同じ処理です。変数nを利用して「次の画像」のファイル名を変数newFile
に準備しておきます。

・44〜49行目

「現在の画像」をフェードアウトさせます。i=1〜10の繰り返し処理により、setTimeout()を10回実行します。「時間」にi*100を指定しているため、それぞれのsetTimeout()は、0.1秒後、0.2秒後、0.3秒後、……、1.0秒後に実行されます。

（46行目）

画像の「不透明度」を変数alphaで管理します。iの値に応じて、alphaの値は以下のように変化していきます。

i=1（0.1秒後に実行）……………………… 不透明度は(10- 1)/10=0.9
i=2（0.2秒後に実行）……………………… 不透明度は(10- 2)/10=0.8
i=3（0.3秒後に実行）……………………… 不透明度は(10- 3)/10=0.7
⋮
i=10（1.0秒後に実行）……………………… 不透明度は(10-10)/10=0.0

（47行目）

画像の「不透明度」（style.opacity）をalphaに変更します。この処理は0.1秒後、0.2秒後、0.3秒後、……、1.0秒後に実行されます。

・52〜54行目

img要素のsrc属性に変数newFileを指定し、表示する画像を変更します。ただし、この処理を普通に記述すると、フェードアウトが終わる前に画像が変更されてしまいます。そこで、1秒後（フェードアウトが終わった瞬間）に画像を変更するように、setTimeout()を使って処理を記述しています。

・57〜61行目

「次の画像」をフェードインさせます。i=11〜20の繰り返し処理により、setTimeout()を10回実行します。それぞれのsetTimeout()は、1.1秒後、1.2秒後、1.3秒後、……、2.0秒後に実行されます。基本的には、フェードアウトの逆の処理になります。変数alphaが0.1、0.2、0.3、……、1.0と変化していくように数式を記述し、画像の「不透明度」を少しずつ大きくしていきます。

　以上が、このJavaScriptの処理内容となります。アニメーション表示を実現するには、不透明度などのCSSを少しずつ変化させていく必要があります。setTimeout()を使わないと、すべての処理が一瞬で完了してい、アニメーションのように見えません。そこで、時間差で少しずつ値を変化させるように処理しています。

(1) 以下のようにHTMLを記述し、現在の時刻（時：分：秒）をリアルタイムで表示するJavaScriptを作成してみましょう。

```
     ⋮
5    <head>
6    <meta charset="UTF-8">
7    <title>時間差処理</title>
8    <style>
9      #time{
10       font-size: 32px;
11       color: #FFFFFF;
12       background-color: #333333;
13       padding: 0px 8px;
14     }
15   </style>
16   </head>
17
18   <body>
19   <h1>リアルタイム時計</h1>
20   <p>現在の時刻は <span id="time"></span> です。</p>

     </body> ◀──── ここにJavaScriptを作成
      ⋮
```

リアルタイム時計

現在の時刻は `10:06:08` です。 ──── 現在の時刻がリアルタイムで表示される

※ 現在の時刻（時：分：秒）は、それぞれの数値を必ず2桁で表示します。

※ setInterval()を使って1秒間隔で関数nowTime()を呼び出します。

※ 関数nowTime()では、以下の手順で処理を実行します。

　① 現在の日時でDateオブジェクトを作成し、変数nowに代入します。

　② 変数nowから時、分、秒を取り出し、変数hh、mm、ssに代入します。

　③ 変数hhが10未満の場合は、先頭に'0'を足して2桁の文字にします。

　④ 変数mmが10未満の場合は、先頭に'0'を足して2桁の文字にします。

　⑤ 変数ssが10未満の場合は、先頭に'0'を足して2桁の文字にします。

　⑥ span要素に「hh:mm:ss」という形で文字を表示します。

jsファイルの分離とエラー対策

大規模なWebサイトでは、HTMLとJavaScriptを別のファイルに記述するのが一般的です。ステップ30では、HTMLからJavaScriptファイルを読み込む方法、ならびにJavaScriptのエラー対策について解説します。

30.1 JavaScriptファイルの作成

これまではHTMLファイルの中にJavaScriptを記述しましたが、HTMLとJavaScriptを別のファイルに分けて作成することも可能です。JavaScriptだけのファイルを作成するときは、**<script>～</script>**の中に記述していた内容を、そのままJavaScriptファイルに記述します。

以下は、sample29-1.htmlで紹介したJavaScriptを、JavaScript単体のファイルとして記述した例です。

▼ slideshow.js

```
1   let n = 1;
2   let slideshow = setInterval(changeImg, 5000);
3
4   // ---------------------- 画像の変更 ----------------------
5   function changeImg() {
6     n++;
7     if (n > 7) {
8       n = 1;
9     }
10    let newFile = 'big_pic0' + n + '.jpg';
11    document.getElementById('photo').setAttribute('src', newFile);
12  }
13
14  // ------------------ 繰り返し処理の停止 -------------------
15  document.getElementById('btn').addEventListener('click', stopImg);
16  function stopImg() {
17    clearInterval(slideshow);
18  }
```

この記述をJavaScriptファイルとして保存するときは、**拡張子に「.js」を指定します**。このとき、JavaScript内で全角文字を使用している場合は、HTMLファイルと同じ文字コードを指定しておく必要があります。WebではUTF-8の文字コードを使用するのが一般的です。よって、JavaScriptファイルも**UTF-8の文字コード**で保存するのが基本です。

なお、これらの操作手順は使用しているテキストエディタによって異なるので、詳しくはアプリケーションのヘルプなどを参照してください。

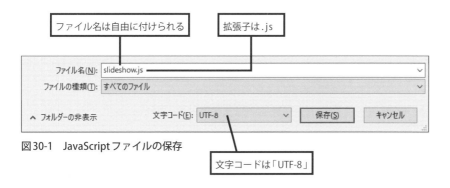

図30-1　JavaScriptファイルの保存

30.2　JavaScriptファイルの読み込み

HTMLとJavaScriptを別のファイルに作成した場合は、**script要素**を使ってJavaScriptファイルを読み込みます。このscript要素は、**</body>の直前**に記述するのが基本です。読み込むJavaScriptファイルは**src属性**で指定します。このとき、</script>の記述も必要になることを忘れないようにしてください。

以下は、先ほど作成したslideshow.jsのJavaScriptファイルを読み込むHTMLの記述例です。

▼ **sample30-1.html**

```
        ⋮
22  <body>
23  <h1>PHOTO ALBUM</h1>
24  <div id="photo_frame">
25    <img id="photo" src="big_pic01.jpg">
26  </div>
27  <p>この画像は5秒間隔で自動的に切り替わります。</p>
28  <button id="btn">スライドショーを停止</button>
29
30  <script src="slideshow.js"></script>  ──── JavaScriptファイルの読み込み
31  </body>
        ⋮
```

このように、HTMLとJavaScriptを別のファイルに分けて作成すると、JavaScriptファイルを読み込むだけで、他のWebページ（HTMLファイル）でも同じJavaScriptを使用できるようになります。ただし、JavaScriptで処理する要素のID名などは、各ページで統一しておく必要があります。

\<head\> ～ \</head\> でJavaScriptファイルを読み込む

　\<head\> ～ \</head\> の中に script 要素を記述して、JavaScriptファイルを読み込むことも可能です。ただし、この手法には以下の弱点があることに注意してください。

- ・HTMLより先にJavaScriptが読み込まれるため、Webページの表示が遅くなる
- ・HTML → JavaScriptの順に読み込まないと正しく動作しない場合がある

　このため、JavaScriptの読み込みは \</body\> の直前で行うのが基本となります。

　参考として、\<head\> ～ \</head\> の中でJavaScriptファイルを読み込んだ例をサンプルファイルに含めておきます（sample30-2.html）。ただし、このJavaScriptは正しく動作しません。というのも、HTML（それぞれの span 要素）が読み込まれる前にJavaScriptが実行されてしまうからです。具体的には、document.getElementById() で要素を取得しようとしたときに、対象の要素（span 要素）が見つからない、というエラーが発生します。
　\<head\> ～ \</head\> の中でJavaScriptを読み込む方法は、少し上級者向けの手法となります。JavaScriptに十分に慣れてから挑戦するようにしてください。

30.3　変数のスコープについて

　ここからはJavaScriptを記述するときに、よく犯しやすいミスを紹介していきます。JavaScriptのエラーを回避するための知識として覚えておいてください。

　まずは、**変数のスコープ**について解説します。すべての変数は「使用できる範囲」が定められています。これをスコープと呼びます。変数のスコープは、「変数を宣言した場所」と「**let** または **var** のどちらで宣言したか？」により決定されます。そのポイントは以下の2点です。

- ・関数内で宣言した変数 …………………… その関数の中だけで使用できる
- ・**let** で宣言した変数 ………………………… 同じ {………} の中だけで使用できる

　スコープの範囲外で変数を使用しようとすると、エラーが発生するため、JavaScriptは正しく動作しません。次ページに示した例を使って具体的に見ていきましょう。

■変数 s、t が使える範囲（トップレベルで宣言した場合）
　トップレベルで宣言した変数は、let、var に関係なく、どの場所でも使用できる。

178

```
<script>
let s = 値;          ┐
var t = 値;          ┘──── トップレベル

if (条件) {
  let x = 値;         ┐
  var y = 値;         ┘──── (A) トップレベルの{………}の中
}

function abc() {
  let a = 値;                               ┐
  var b = 値;                               │
    ⋮                                       │
  for (let i = 0; 条件; i++) {    ┐          │
    let c = 値;                   │          │
    var d = 値;                   ├─ (C) 関数内の    ├─ (B) 関数の中
      ⋮                           │     {………}の中    │
  }                               ┘          │
    ⋮                                        │
}                                            ┘
</script>
```

■**変数x、yが使える範囲**（トップレベルの{………}の中で宣言した場合）

ifやforなど、{………}の中で変数を宣言した場合の例です。変数xはletで宣言されているため、同じ{………}の中だけで使用できます。変数yはvarで宣言されているため、{………}の外でも使用できます。

- ・**変数xのスコープ** ……… **(A)の範囲内**
- ・**変数yのスコープ** ……… **(宣言後なら)どこでも使える**

■**変数a、bが使える範囲**（関数の中で宣言した場合）

関数内で宣言されているため、その関数内だけで変数を使用できます。let、varに関係なく、関数の外では使用できません。

- ・**変数aのスコープ** ……… **(B)の範囲内**
- ・**変数bのスコープ** ……… **(B)の範囲内**

■**変数c、dが使える範囲**（関数内にある{………}の中で宣言した場合）

関数内にある{………}の中で変数が宣言されています。変数cはletで宣言されているため、同じ{………}の中だけで使用できます。また、「繰り返し処理」の変数iもletで宣言されています。よって、変数iを使用できる範囲も{………}の中だけになります。変数dはvarで宣言されているため、{………}の外でも使用できます。ただし、関数の外では使用できません。

- ・**変数cのスコープ** ……… **(C)の範囲内**　　・**変数iのスコープ** ……… **(C)の範囲内**
- ・**変数dのスコープ** ……… **(B)の範囲内**

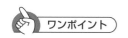ワンポイント

定数の変数として宣言する

　変数を **const** で宣言する方法も用意されています。const で宣言した変数は**定数**として扱われるため、代入した値を後から変更することはできません。絶対に変更しない「数値」や「文字」を変数として扱う場合に活用してください。なお、const で宣言した変数のスコープは、let で変数を宣言した場合と同じになります。

30.4　スペルミスを防ぐ対策法

　スペルミスや「;」の書き忘れなども、よく発生するエラーといえます。こういったミスを防ぐには「よく見て確認すること」が大切です。とはいえ、document.getElementById() や insertAdjacentHTML() のように、覚えにくい記述があるのも事実です。

　そこで、「コピー＆ペーストして使えるメソッド＆プロパティ」を付録としてサンプルファイルに添付しておきました。JavaScriptを記述する際に活用してください。

30.5　コンソール画面を使ったデバッグ処理

　JavaScriptが思い通りに動作しないときは、**コンソール画面**を開いてデバッグ処理を進めていきます。何らかのエラーが発生している場合は、何行目でエラーが発生しているかを示すメッセージが表示されます。ただし、必ずしも表示された行にミスがあるとは限りません。その行に関連する別の行でミスを犯している可能性もあります。

　「エラーは発生しないが、思い通りに動作しない」という場合は、console.log(変数名) を各所に挿入して、そのときどきの変数の値を表示しながら動作を確認していくと、ミスを発見できる場合があります。

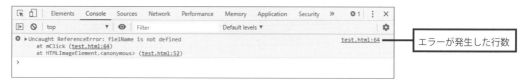

図30-2　エラーの発生を示すメッセージ

演　習

（1）ステップ29の演習（1）で作成したWebページのHTMLとJavaScriptを別のファイルに分けてみましょう。JavaScriptファイルの名前はtime.jsとします。

演習問題の解答

JavaScriptの記述ルール

演習（1）
「sample01-1.html」のように記述し、HTMLファイルとして保存します。

演習（2）
作成したHTMLファイルをダブルクリックし、Webブラウザに表示します。チェックボックスの
ON／OFFを変更すると、それに応じて合計金額が変化することを確認します。

イベントハンドラ

演習（1）
① 演習問題に示したとおりにHTMLファイルを作成します。
② 作成したHTMLファイルをWebブラウザで開きます。
③ 画像をクリックすると、メッセージが表示されることを確認します。

演習（2）
① img要素の「**onclick**」を「**onmouseover**」に変更します。
② 変更したHTMLファイルをWebブラウザで開きます。
③ 画像の上にマウスを移動すると、メッセージが表示されることを確認します。

演習（3）
① img要素の「**onmouseover**」を「**onmouseout**」に変更します。
② 変更したHTMLファイルをWebブラウザで開きます。
③ 画像の外へマウスを移動すると、メッセージが表示されることを確認します。

演習（4）
① img 要素のイベントハンドラを削除します。
② body 要素に**onload**イベントを追加します。

```
10    <body onload="alert('タヒチの写真です。')">
```

コンソールの使い方

演習（1）
① 演習問題に示したとおりにHTMLファイルを作成します。
② 作成したHTMLファイルをWebブラウザで開きます。
③ [**F12**]**キー**を押して**コンソール**を表示します。
④ 画像をクリックすると、コンソールに文字が表示されることを確認します。

演習（2）
① コンソールに「**alert('テスト')**」と入力し、[**Enter**]**キー**を押します。
②「テスト」というメッセージが表示されることを確認します。

関数の基本

演習（1）
① 演習問題に示したとおりにHTMLファイルを作成します。
② 作成したHTMLファイルをWebブラウザで開きます。
③ 画像をクリックすると、メッセージが表示されることを確認します。

変数の利用

演習（1）

以下のようにHTMLファイルを作成します。

```
 1  <!DOCTYPE html>
 2
 3  <html lang="ja">
 4
 5  <head>
 6  <meta charset="UTF-8">
 7  <title>変数の利用</title>
 8  </head>
 9
10  <body>
11  <h3>問題</h3>
12  <p>日本の首都は？ <button onclick="showAnser();">解答を見る</button></p>
13  <script>
14  function showAnser() {
15    let anser = '東京';
16    alert(anser);
17  }
18  </script>
19  </body>
20
21  </html>
```

Step 06 変数の演算

演習（1）

以下のようにHTMLファイルを作成します。

```
1   <!DOCTYPE html>
2
3   <html lang="ja">
4
5   <head>
6   <meta charset="UTF-8">
7   <title>変数の利用</title>
8   </head>
9
10  <body>
11  <h3>変数の演算</h3>
12  <p>a=10、b=4の場合</p>
13  <button onclick="add();">足し算</button>
14  <button onclick="subtract();">引き算</button>
15  <button onclick="multiply();">掛け算</button>
16  <button onclick="divide();">割り算</button>
17
18  <script>
19  let a = 10;         変数a、bに値を代入
20  let b = 4;
21  function add() {
22    let anser = a + b;              足し算
23    alert('答えは' + anser + 'です');
24  }
25  function subtract() {
26    let anser = a - b;             引き算
27    alert('答えは' + anser + 'です');
28  }
29  function multiply() {
30    let anser = a * b;             掛け算
31    alert('答えは' + anser + 'です');
32  }
```

```
33  function divide() {
34    let anser = a / b;───────────────────────────── 割り算
35    alert('答えは' + anser + 'です');
36  }
37  </script>
38
39  </body>
40
41  </html>
```

Step 07 配列の利用

演習（1）

以下のようにHTMLファイルを作成します。

※CSSの部分は、各自で自由に書式を指定してください。

```
1   <!DOCTYPE html>
2
3   <html lang="ja">
4
5   <head>
6   <meta charset="UTF-8">
7   <title>配列の利用</title>
8   <style>
9     table{
10      border-collapse: collapse;
11    }
12    th, td{
13      border: solid 2px #666666;
14      padding: 10px 20px;
15    }
16    th{
17      background-color: #FFCC99;
18    }
```

```
19      td{
20        text-align: right;
21      }
22   </style>
23   </head>
24
25   <body>
26   <h1>利用料の計算</h1>
27   <table>
28     <tr><th>No.</th><th>料金(a)</th><th>人数(b)</th><th>a×b</th></tr>
29     <tr>
30       <th>0</th><td>500</td><td>10</td>
31       <td><button onclick="multiply_0();">利用料の合計</button></td>
32     </tr>
33     <tr>
34       <th>1</th><td>980</td><td>16</td>
35       <td><button onclick="multiply_1();">利用料の合計</button></td>
36     </tr>
37     <tr>
38       <th>2</th><td>1200</td><td>8</td>
39       <td><button onclick="multiply_2();">利用料の合計</button></td>
40     </tr>
41   </table>
42
43   <script>
44   let a = [500, 980, 1200];     ┐
45   let b = [10, 16, 8];          ┘  配列を作成
46   function multiply_0() {
47     let anser = a[0] * b[0];
48     alert('料金は' + anser + '円です');
49   }
50   function multiply_1() {
51     let anser = a[1] * b[1];
52     alert('料金は' + anser + '円です');
53   }
54   function multiply_2() {
55     let anser = a[2] * b[2];
56     alert('料金は' + anser + '円です');
57   }
58   </script>
59
60   </body>
61
62   </html>
```

演習（1）

ステップ07の演習（1）で作成したHTMLファイルを以下のように変更します。

```
         ⋮
25   <body>
26   <h1>利用料の計算</h1>
27   <table>
28     <tr><th>No.</th><th>料金(a)</th><th>人数(b)</th><th>a×b</th></tr>
29     <tr>
30       <th>0</th><td>500</td><td>10</td>
31       <td><button onclick="multiply(0);">利用料の合計</button></td>
32     </tr>
33     <tr>
34       <th>1</th><td>980</td><td>16</td>
35       <td><button onclick="multiply(1);">利用料の合計</button></td>
36     </tr>
37     <tr>
38       <th>2</th><td>1200</td><td>8</td>
39       <td><button onclick="multiply(2);">利用料の合計</button></td>
40     </tr>
41   </table>
42
43   <script>
44   let a = [500, 980, 1200];
45   let b = [10, 16, 8];
46   function multiply(i) {
47     let anser = a[i] * b[i];
48     alert('料金は' + anser + '円です');
49   }
50   </script>
51
52   </body>
53
54   </html>
```

引数0で関数multiply()を呼び出す

引数1で関数multiply()を呼び出す

引数2で関数multiply()を呼び出す

引数を変数iで受け取る

配列の添え字を変数iで指定

Step 09 要素の取得と内容の変更

演習（1）

以下の太字部分のように JavaScript を記述します。

```
 1  <!DOCTYPE html>
 2
 3  <html lang="ja">
 4
 5  <head>
 6  <meta charset="UTF-8">
 7  <title>要素の取得と内容の変更</title>
 8  <style>
 9    #status {
10      font-weight: bold;
11      color: #FF0000;
12    }
13  </style>
14  </head>
15
16  <body>
17  <h1>座席の予約</h1>
18  <p>東京会場<span id="status">（予約受付中）</span></p>
19  <div><button onclick="reserve()">予約する</button></div>
20
21  <script>
22  function reserve() {
23    document.getElementById('status').textContent = '（予約済み）';
24  }
25  </script>
26
27  </body>
28
29  </html>
```

'status' のID名で要素を取得し、.textContent で文字を変更する

※ span要素を変数に代入し、変数名.textContent で文字を変更しても構いません。

演習 (2)

① div要素にID名を付けます。

② 手順①で付けたID名でdiv要素を取得し、.innerHTMLでHTMLを書き換えます。

```
      ⋮
16  <body>
17  <h1>座席の予約</h1>
18  <p>東京会場<span id="status"> (予約受付中) </span></p>
19  <div id="info"><button onclick="reserve()">予約する</button></div>
20                   ┌──────────┐
                     │ ID名を付ける │
                     └──────────┘
21  <script>
22  function reserve() {
23    document.getElementById('status').textContent = ' (予約済み) ';
24    document.getElementById('info').innerHTML = '<b>ありがとうございました。</b>';
25  }
26  </script>
          ┌──────────────────────┐
          │ div要素を取得し、         │
          │ .innerHTMLでHTMLを書き換える │
          └──────────────────────┘
27
28  </body>
      ⋮
```

Step 10 複数の要素の取得

演習（1）

以下の太字部分のように JavaScript を記述します。

```
 1   <!DOCTYPE html>
 2
 3   <html lang="ja">
 4
 5   <head>
 6   <meta charset="UTF-8">
 7   <title>複数の要素の取得</title>
 8   </head>
 9
10   <body>
11   <h1>人口の多い国ランキング</h1>
12   <ol id="ranking">
13     <li>中国</li>
14     <li>インド</li>
15     <li>アメリカ</li>
16     <li>インドネシア</li>
17   </ol>
18   <button onclick="flag()">国旗で表示</button>
19
20   <script>
21   let list = document.querySelectorAll('#ranking li');
22   function flag() {
23     list[0].innerHTML = '<img src="flag_CHN.png">';
24     list[1].innerHTML = '<img src="flag_IND.png">';
25     list[2].innerHTML = '<img src="flag_USA.png">';
26     list[3].innerHTML = '<img src="flag_IDN.png">';
27   }
28   </script>
29
30   </body>
31
32   </html>
```

> li要素を取得し、listに代入

> .innerHTMLを使ってimg要素に書き換える

要素の追加と削除

演習（1）

以下の太字部分のようにJavaScriptを記述します。

```
 1   <!DOCTYPE html>
 2
 3   <html lang="ja">
 4
 5   <head>
 6   <meta charset="UTF-8">
 7   <title>要素の追加と削除</title>
 8   </head>
 9
10   <body>
11   <h1>写真の一覧</h1>
12   <p>以下のボタンをクリックすると、写真が一覧表示されます。</p>
13   <div id="photos">
14     <button onclick="showPhotos()">写真を表示</button>
15   </div>
16
17   <script>
18   function showPhotos() {
19     let photoBox = document.getElementById('photos');
20     photoBox.insertAdjacentHTML('afterbegin', '<img src="photo_8.jpg">');
21     photoBox.insertAdjacentHTML('afterbegin', '<img src="photo_7.jpg">');
22     photoBox.insertAdjacentHTML('afterbegin', '<img src="photo_6.jpg">');
23     photoBox.insertAdjacentHTML('afterbegin', '<img src="photo_5.jpg">');
24     photoBox.insertAdjacentHTML('afterbegin', '<img src="photo_4.jpg">');
25     photoBox.insertAdjacentHTML('afterbegin', '<img src="photo_3.jpg">');
26     photoBox.insertAdjacentHTML('afterbegin', '<img src="photo_2.jpg">');
27     photoBox.insertAdjacentHTML('afterbegin', '<img src="photo_1.jpg">');
28   }
29   </script>
30
31   </body>
32
33   </html>
```

div要素を取得し、
変数photoBoxに代入

img要素の追加

※「要素を追加する位置」に`'afterbegin'`を指定しているため、後から追加した`img`要素ほど前に配置されます。「photo_1.jpg」→「photo_8.jpg」の順に配置するには、表示順とは逆の順番で`img`要素を追加していく必要があります。

演習（2）

① `button`要素に適当なID名を指定します。

　※ID名は`"show_button"`でなくても構いません。

② 手順①で指定したID名で`button`要素を取得し、`remove()`で削除します。

```
     ⋮
11   <h1>写真の一覧</h1>
12   <p>以下のボタンをクリックすると、写真が一覧表示されます。</p>
13   <div id="photos">
14     <button id="show_button" onclick="showPhotos()">写真を表示</button>
15   </div>
16                    ┌ ID名を指定 ┐
17   <script>
18   function showPhotos() {
19     let photoBox = document.getElementById('photos');
20     photoBox.insertAdjacentHTML('afterbegin', '<img src="photo_8.jpg">');
21     photoBox.insertAdjacentHTML('afterbegin', '<img src="photo_7.jpg">');
22     photoBox.insertAdjacentHTML('afterbegin', '<img src="photo_6.jpg">');
23     photoBox.insertAdjacentHTML('afterbegin', '<img src="photo_5.jpg">');
24     photoBox.insertAdjacentHTML('afterbegin', '<img src="photo_4.jpg">');
25     photoBox.insertAdjacentHTML('afterbegin', '<img src="photo_3.jpg">');
26     photoBox.insertAdjacentHTML('afterbegin', '<img src="photo_2.jpg">');
27     photoBox.insertAdjacentHTML('afterbegin', '<img src="photo_1.jpg">');
28     document.getElementById('show_button').remove();
29   }
30   </script>
     ⋮
```

ID名を指定

remove()で`button`要素を削除

繰り返し処理－1

演習（1）

ステップ11の演習（2）で作成したHTMLファイルを以下のように変更します。

```
 1  <!DOCTYPE html>
 2
 3  <html lang="ja">
 4
 5  <head>
 6  <meta charset="UTF-8">
 7  <title>繰り返し処理</title>
 8  </head>
 9
10  <body>
11  <h1>写真の一覧</h1>
12  <p>以下のボタンをクリックすると、写真が一覧表示されます。</p>
13  <div id="photos">
14    <button id="show_button" onclick="showPhotos()">写真を表示</button>
15  </div>
16
17  <script>
18  function showPhotos() {
19    let photoBox = document.getElementById('photos');
20    for (let i = 8; i >= 1; i--) {
21      photoBox.insertAdjacentHTML('afterbegin', '<img src="photo_' + i + '.jpg">');
22    }
23    document.getElementById('show_button').remove();
24  }
25  </script>
26
27  </body>
28
29  </html>
```

繰り返し処理
（iを8～1に変化させる）

変数iを使ってファイル名を指定

演習（1）

以下のようにHTMLファイルを作成します。

```
 1  <!DOCTYPE html>
 2
 3  <html lang="ja">
 4
 5  <head>
 6  <meta charset="UTF-8">
 7  <title>繰り返し処理</title>
 8  <style>
 9    table {
10      border-collapse: collapse;
11    }
12    td, th {
13      border: solid 1px #000000;
14      width: 80px;
15      padding: 10px;
16    }
17    th {
18      background-color: #99CCCC;
19    }
20    td {
21      text-align: right;
22    }
23  </style>
24  </head>
25
26  <body onload="createTable()">
27  <h1>入場料の一覧</h1>
28  <table>
29    <thead id="t_head"></thead>
30    <tbody id="t_body"></tbody>
31  </table>
32
```

```
33  <script>
34  function createTable() {
35    let name = ['大人', '高校生', '中学生', '小学生'];        ┐
36    let price = [800, 680, 450, 380];                      ┘──── 配列を宣言
37
38    // ---------------- ヘッダー行の作成 ----------------
39    let row = '<tr><th></th>';
40    for (let j = 0; j <= 3; j++) { ─────────── 変数jの変化は0～3
41      row = row + '<th>' + name[j] + '</th>';
42    }                           ┌──── 「見出しセル」に表示する文字
43    row = row + '</tr>';
44    document.getElementById('t_head').insertAdjacentHTML('beforeend', row);
45
46    // ---------------- データ部分の作成 ----------------
47    for (let i = 1; i <= 5 ; i++) {
48      let row = '<tr><th>' + i + '人</th>';
49      for (let j = 0; j <= 3; j++) { ─────────── 変数jの変化は0～3
50        row = row + '<td>' + i*price[j] + '円</td>';
51      }                         ┌──── 料金を計算してセル内に表示
52      row = row + '</tr>';
53      document.getElementById('t_body').insertAdjacentHTML('beforeend', row);
54    }
55
56  }
57  </script>
58
59  </body>
60
61  </html>
```

条件分岐－1

演習（1）

以下の太字部分のようにJavaScriptを記述します。

```
        ⋮
10  <body>
11  <h3>問題</h3>
12  <p>最も面積が大きい「県」は何県でしょう？</p>
13  <button id="btn" onclick="show()">ヒントを見る</button>
14  <p id="message">（注意）北海道は「県」ではありません。</p>
15
16  <script>
17  let clickTimes = 0;          ← ボタンをクリックした回数の初期値は0
18  function show() {
19    clickTimes++;              ← clickTimesに1を足す
20    if (clickTimes == 1) {
21      document.getElementById('btn').textContent = '答えを見る';
22      document.getElementById('message').textContent = '東北地方にあります。';
23    } else {
24      document.getElementById('message').textContent = '答えは「岩手県」です。';
25    }
26  }
27  </script>
        ⋮
```

（補足説明）

・17行目

ボタンをクリックした回数をカウントする変数clickTimesを宣言します。この変数の初期値は0です。

・19行目

インクリメントで変数clickTimes（ボタンをクリックした回数）に1を足します。

・20 〜 25行目

変数clickTimesの値に応じて条件分岐を行います。変数clickTimesが1の場合は、ヒントを表示し、ボタンの文字を書き換えます。それ以外の場合は、解答を表示します。

Step 15 条件分岐－2

演習（1）

ステップ14の演習（1）で作成したHTMLファイルを以下のように変更します。

```
          ⋮
10  <body>
11  <h3>問題</h3>
12  <p>最も面積が大きい「県」は何県でしょう？</p>
13  <button id="btn" onclick="show()">ヒントを見る</button>
14  <p id="message">ここに【ヒント】が表示されます。</p>
15
16  <script>
17  let clickTimes = 0;
18  function show() {
19    clickTimes++;
20    switch (clickTimes) {
21      case 1:
22        document.getElementById('btn').textContent = 'さらにヒントを見る';
23        document.getElementById('message').textContent
24          = '【ヒント】北海道は「県」ではありません。';
25        break;
26      case 2:
27        document.getElementById('btn').textContent = '答えを見る';
28        document.getElementById('message').textContent
29          = '【ヒント】東北地方にあります。';
30        break;
31      default:
32        document.getElementById('message').textContent = '答えは「岩手県」です。';
33    }
34  }
35  </script>
36
37  </body>
38
39  </html>
```

演習（2）

以下のようにHTMLファイルを作成します。

```
1   <!DOCTYPE html>
2
3   <html lang="ja">
4
5   <head>
6   <meta charset="UTF-8">
7   <title>条件分岐</title>
8   <style>
9     .big_font {
10      font-size: 32px;
11      margin: 25px;
12    }
13  </style>
14  </head>
15
16  <body>
17  <h3>問題</h3>
18  <p>次の方程式を満たす解を求めなさい。解は2つあります。</p>
19  <p class="big_font">x<sup>2</sup>-6x+8=0</p>
20  <button onclick="check(1)">x = 1</button>
21  <button onclick="check(2)">x = 2</button>
22  <button onclick="check(3)">x = 3</button>
23  <button onclick="check(4)">x = 4</button>
24  <button onclick="check(5)">x = 5</button>
25  <div id="message" class="big_font"></div>
26
27  <script>
28  function check(x) {
29    if (x == 2) {
30      document.getElementById('message').textContent = '正解！';    ①
31    } else if (x == 4) {
32      document.getElementById('message').textContent = '正解！';    ②
33    } else {
34      document.getElementById('message').textContent = '間違い！';   ③
35    }
36  }
37  </script>
38
39  </body>
40
41  </html>
```

演習（3）

JavaScriptの記述を以下のように変更します。

```
        ⋮
27  <script>
28  function check(x) {
29    if (x == 2 || x == 4) {
30      document.getElementById('message').textContent = '正解！';
31    } else {
32      document.getElementById('message').textContent = '間違い！';
33    }
34  }
35  </script>
        ⋮
```

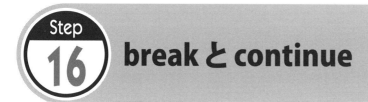

2つの条件式を||（または）で連結する

Step 16 breakとcontinue

演習（1）

以下のようにJavaScriptを記述します。

```
1   <!DOCTYPE html>
2
3   <html lang="ja">
4
5   <head>
6   <meta charset="UTF-8">
7   <title>breakの活用</title>
8   <style>
9     .big_font {
10      font-size: 32px;
11      margin: 25px;
12    }
13  </style>
14  </head>
```

```html
15
16  <body>
17  <h3>問題</h3>
18  <p>次の方程式を満たす解をJavaScriptで求めます。</p>
19  <p class="big_font">x<sup>3</sup>-53x<sup>2</sup>+620x-1036=0</p>
20  <p>※この方程式の解は3個あり、すべて1以上の整数です。</p>
21  <button onclick="show()">結果を見る</button>
22  <div id="message" class="big_font"></div>
23
24  <script>
25  function show() {
26    let anser = [];
27    let count = 0;
28    for (let x = 1; x <= 1000; x++) {
29      let test = x*x*x - 53*x*x + 620*x - 1036;
30      console.log(x + '回目：' + test);          //繰り返し回数の確認用
31      if (test == 0) {
32        count++;
33        anser[count] = x;
34      }
35      if (count == 3) {
36        break;
37      }
38    }
39    document.getElementById('message').textContent
40      = anser[1] + '、' + anser[2] + '、' + anser[3] + 'が解です。';
41  }
42  </script>
43
44  </body>
45
46  </html>
```

- 28行目：`for (let x = 1; x <= 1000; x++) {` — xが三次方程式を満たしているかを判定
- 満たしている場合は、countを1つ増加し、anser[count]にxを代入
- countが3になったら繰り返し処理を終了

（補足説明）

- 28行目にあるfor文の条件式（x<=1000）は適当な値で構いません。
- 30行目のconsole.log()は、繰り返し処理の途中経過をコンソールに表示するための記述です。[F12]キーを押してコンソールを開くと、繰り返し処理が37回目で強制終了していることを確認できます。
  ※この記述はなくても構いません。

```
Elements  Console  Sources  Network
top                    Filter
29回目：-3240
30回目：-3136
31回目：-2958
32回目：-2700
33回目：-2356
34回目：-1920
35回目：-1386
36回目：-748
37回目：0          37回目で終了
```

演習（2）

演習（1）で作成したJavaScriptを以下のように変更します。

```
     ⋮
24  <script>
25  function show() {
26    let anser = [];
27    let count = 0;
28    let x = 1;          ← 変数xの初期値は1
29    while (count < 3) {  ← 条件は「変数countが3より小さい」
30      let test = x*x*x - 53*x*x + 620*x - 1036;
31      console.log(x + '回目：' + test);        //繰り返し回数の確認用
32      if (test == 0) {
33        count++;
34        anser[count] = x;
35      }
36      x++;              ← 変数xの値を1つ増加する
37    }
38    document.getElementById('message').textContent
39      = anser[1] + '、' + anser[2] + '、' + anser[3] + 'が解です。';
40  }
41  </script>
     ⋮
```

Step 17 関数の戻り値

演習（1）

以下のようにHTMLファイルを作成します。

```
     ⋮
5   <head>
6   <meta charset="UTF-8">
7   <title>関数の戻り値</title>
8   <style>
9     #message {
10      width: 250px;
```

```
11        padding: 15px;
12        margin: 25px 0px;
13        background-color: #FFCC99;
14      }
15   </style>
16   </head>
17
18   <body>
19   <h1>1〜10で割り切れる数字</h1>
20   <p>1、2、3、4、5、6、7、8、9、10で<br>
21   割り切れる最小の数値をJavaScriptで求めます。</p>
22   <button onclick="show()">結果を見る</button>
23   <div id="message">ここに結果が表示されます。</div>
24
25   <script>
26   function show() {
27     for (let i = 1; i <= 10000; i++) {
28       let flag = check(i);
29       if (flag) {
30         document.getElementById('message').textContent = '答えは' + i + 'です。';
31         break; ────────────────┐
32       }                        │
33     }              ┌───────────┴──────────┐
34   }                │ 変数iの繰り返し処理を中断 │
35                    └──────────────────────┘
36   // ----------- 割り切れるかをチェックする関数 -----------
37   function check(num) {
38     let count = 0; ──────────┐ ┌─────────────────────────┐
39     for (let j = 1; j <= 10; │ │ 割り切れた回数をカウントする変数 │
40       if (num % j == 0) {    │ └─────────────────────────┘
41         count++;
42       }
43     }
44     if (count == 10) {
45       return true; ────────┐ ┌──────────────────────────────┐
46     } else {               │ │ 10回とも割り切れた場合は、trueを返す │
47       return false; ───────┐└──────────────────────────────┘
48     }          ┌───────────┴────────────────────────┐
49   }            │ 10回とも割り切れなかった場合は、falseを返す │
50   // ──────────└─────────────────────────────────────┘────
51   </script>
       ⋮
```

※ 27行目にあるfor文の条件式「i <= 10000」は適当な値で構いません。

文字入力とエラー処理

演習（1）

ステップ17の演習（1）で作成したHTMLファイルを以下のように変更します。

```
     ⋮
 8   <style>
 9     #message {
10       width: 400px;          ← div要素の幅を変更
         ⋮
14     }
15   </style>
16   </head>
17
18   <body>
19   <h1>n〜mで割り切れる数字</h1>
20   <p>1〜10の好きな範囲で<br>
21   割り切れる最小の数値をJavaScriptで求めます。</p>
22   <button onclick="show()">範囲を指定</button>
23   <div id="message">ここに結果が表示されます。</div>
24
25   <script>
26   function show() {
27     let min = parseInt(prompt('範囲の最小値を1〜10で入力してください'));   ← 範囲を入力するプロンプト
28     let max = parseInt(prompt('範囲の最大値を1〜10で入力してください'));
29     if (min < 1 || min > 10 || min%1 != 0 ||
30         max < 1 || max > 10 || max%1 != 0 || min > max) {
31       alert('1〜10の半角の整数で範囲を指定してください。');   ← エラー処理
32       return;
33     }
34     for (let i = 1; i <= 10000; i++) {
35       let flag = check(i, min, max);   ← 引数はi, min, max
36       if (flag) {
37         document.getElementById('message').textContent
38           = min + '〜' + max + 'で割り切れる最小の数値は' + i + 'です。';
39         break;
40       }
41     }
42   }
```

```
43
44     // ----------- 割り切れるかをチェックする関数 -----------
45     function check(num, min, max) {          num, min, maxで引数を受け取る
46       let count = 0;
47       for (let j = min; j <= max; j++) {
48         if (num % j == 0) {
49           count++;                            min〜maxの範囲で繰り返す
50         }
51       }
52       if (count == max - min + 1) {
53         return true;                          割り切れた回数が(max - min + 1)の場合は、
54       } else {                                trueの「戻り値」、
55         return false;                         そうでない場合はfalseの「戻り値」
56       }
57     }
58     // -----------------------------------------------------
59     </script>
60
61     </body>
         ⋮
```

オブジェクト、メソッド、プロパティ

演習（1）

window オブジェクト

※ prompt() は、windowオブジェクトの記述を省略した書き方になります。

演習（2）

以下のように JavaScript を記述します。

```
1     <!DOCTYPE html>
2
3     <html lang="ja">
```

```
4
5    <head>
6    <meta charset="UTF-8">
7    <title>プロパティ</title>
8    <style>
9      div {
10       width: 500px;
11       border: solid 3px #666666;
12       padding: 10px;
13       margin: 25px 0px;
14     }
15   </style>
16   </head>
17
18   <body>
19   <h1>HTMLの表示</h1>
20   <p>ボックス内の表示されている部分のHTMLを表示します。</p>
21   <div id="box">
22     <h3>人口800万人以上の都道府県</h3>
23     <ul>
24       <li>東京都</li>
25       <li>神奈川県</li>
26       <li>大阪府</li>
27     </ul>
28   </div>
29   <button onclick="show()">HTMLを表示</button>
30   <div id="show_html">ここにHTMLが表示されます。</div>
31
32   <script>
33   function show() {
34     let html = document.getElementById('box').innerHTML;
35     document.getElementById('show_html').textContent = html;
36   }
37   </script>
38   </body>
39
40   </html>
```

div要素のinnerHTMLを
変数htmlに代入

textContentで
文字として表示する

スタイルの変更

演習（1）

以下のようにHTMLファイルを作成します。

```
1   <!DOCTYPE html>
2
3   <html lang="ja">
4
5   <head>
6   <meta charset="UTF-8">
7   <title>スタイルの変更</title>
8   <style>
9     body {
10      width: 704px;
11      margin: 0px auto;
12    }
13    #photo_list {
14      display: flex;
15      flex-wrap: wrap;
16      padding: 10px;
17      border: solid 2px #666666;
18    }
19    #photo_list img {
20      margin: 10px;         ──── 初期値は上下とも10px
21    }
22  </style>
23  </head>
24
25  <body>
26  <h1>PHOTO ALBUM</h1>
27  <div id="photo_list">
28    <img src="pic01.jpg" onmouseover="mOver(this)" onmouseout="mOut(this)">
29    <img src="pic02.jpg" onmouseover="mOver(this)" onmouseout="mOut(this)">
30    <img src="pic03.jpg" onmouseover="mOver(this)" onmouseout="mOut(this)">
31    <img src="pic04.jpg" onmouseover="mOver(this)" onmouseout="mOut(this)">
32    <img src="pic05.jpg" onmouseover="mOver(this)" onmouseout="mOut(this)">
33    <img src="pic06.jpg" onmouseover="mOver(this)" onmouseout="mOut(this)">
34    <img src="pic07.jpg" onmouseover="mOver(this)" onmouseout="mOut(this)">
```

```
35   </div>
36
37   <script>
38   function mOver(obj) {
39     obj.style.marginTop = '5px';
40     obj.style.marginBottom = '15px';
41     obj.style.boxShadow= '0px 5px 15px #666666'
42   }
43   function mOut(obj) {
44     obj.style.margin = '10px';
45     obj.style.boxShadow= 'none'
46   }
47   </script>
48   </body>
49
50   </html>
```

上下の値を変更することで、画像を少し上へ移動する

影を描画

マウスアウト時の処理

Step 21 属性値の変更

演習（1）

以下のようにHTMLファイルを変更します。

```
1    <!DOCTYPE html>
2
3    <html lang="ja">
4
5    <head>
6    <meta charset="UTF-8">
7    <title>属性値の変更</title>
8    <style>
9      body {
10       width: 704px;
11       margin: 0px auto;
12     }
```

```
13    #photo_frame {
14      background-color: #DDDDDD;
15      padding: 20px;
16    }                                        ┐
17    #big_img {                               │── CSSを追加
18      border: solid 10px #FFFFFF;            │
19      box-shadow: 7px 7px 10px #333333;      │
20    }                                        ┘
21    #photo_list {
22      display: flex;
23      flex-wrap: wrap;
24      padding: 10px;
25      border: solid 2px #666666;
26    }
27    #photo_list img {
28      margin: 10px;
29    }
30  </style>
31  </head>
32
33  <body>
34  <h1>PHOTO ALBUM</h1>
35  <div id="photo_frame">                                    ┐
36    <img id="big_img" src="big_pic01.jpg">   ── 大きい画像を追加
37  </div>                                                    ┘
38  <div id="photo_list">
39    <img src="pic01.jpg" onclick="mClick(this)"  ──── onclickイベントを追加
40        onmouseover="mOver(this)" onmouseout="mOut(this)">
41    <img src="pic02.jpg" onclick="mClick(this)"
42        onmouseover="mOver(this)" onmouseout="mOut(this)">
43    <img src="pic03.jpg" onclick="mClick(this)"
44        onmouseover="mOver(this)" onmouseout="mOut(this)">
45    <img src="pic04.jpg" onclick="mClick(this)"
46        onmouseover="mOver(this)" onmouseout="mOut(this)">
47    <img src="pic05.jpg" onclick="mClick(this)"
48        onmouseover="mOver(this)" onmouseout="mOut(this)">
49    <img src="pic06.jpg" onclick="mClick(this)"
50        onmouseover="mOver(this)" onmouseout="mOut(this)">
51    <img src="pic07.jpg" onclick="mClick(this)"
52        onmouseover="mOver(this)" onmouseout="mOut(this)">
53  </div>
54
```

```
55   <script>
56   function mClick(obj) {
57     let fileName = obj.getAttribute('src');
58     fileName = 'big_' + fileName;
59     document.getElementById('big_img').setAttribute('src', fileName);
60   }
61   function mOver(obj) {
62     obj.style.marginTop = '5px';
63     obj.style.marginBottom = '15px';
64     obj.style.boxShadow= '0px 5px 15px #666666'
65   }
66   function mOut(obj) {
67     obj.style.margin = '10px';
68     obj.style.boxShadow= 'none'
69   }
70   </script>
71   </body>
72
73   </html>
```

クリック時の処理を追加

Step
22 イベントリスナー

演習（1）
以下のようにHTMLファイルを変更します。

```
       ⋮
33   <body>
34   <h1>PHOTO ALBUM</h1>
35   <div id="photo_frame">
36     <img id="big_img" src="big_pic01.jpg">
37   </div>
```

```
38  <div id="photo_list">
39    <img src="pic01.jpg">
40    <img src="pic02.jpg">
41    <img src="pic03.jpg">
42    <img src="pic04.jpg">          イベントハンドラを削除
43    <img src="pic05.jpg">
44    <img src="pic06.jpg">
45    <img src="pic07.jpg">
46  </div>
47
48  <script>
49  let img = document.querySelectorAll('#photo_list img');     img要素を取得し、
                                                                配列imgに代入
50  for (let i = 0; i < img.length; i++) {
51    img[i].addEventListener('click', function() {
52      mClick(this);
53    } );
54    img[i].addEventListener('mouseover', function() {
55      mOver(this);                                            イベントリスナーの指定
56    } );
57    img[i].addEventListener('mouseout', function() {
58      mOut(this);
59    } );
60  }
61
62  function mClick(obj) {
63    let fileName = obj.getAttribute('src');
64    fileName = 'big_' + fileName;
65    document.getElementById('big_img').setAttribute('src', fileName);
66  }
67  function mOver(obj) {
68    obj.style.marginTop = '5px';
69    obj.style.marginBottom = '15px';
70    obj.style.boxShadow= '0px 5px 15px #666666'
71  }
72  function mOut(obj) {
73    obj.style.margin = '10px';
74    obj.style.boxShadow= 'none'
75  }
76  </script>
77  </body>
      :
```

演習（2）

以下のようにHTMLファイルを変更します。

```
    ⋮
18  <body>
19  <h1>HTMLの表示</h1>
20  <p>ボックス内の表示されている部分のHTMLを表示します。</p>
21  <div id="box">
22    <h3>人口800万人以上の都道府県</h3>
23    <ul>
24      <li>東京都</li>
25      <li>神奈川県</li>
26      <li>大阪府</li>
27    </ul>
28  </div>
29  <button id="btn">HTMLを表示</button>
30  <div id="show_html">ここにHTMLが表示されます。</div>
31
32  <script>
33  document.getElementById('btn').addEventListener('click', show);
34  function show() {
35    let html = document.getElementById('box').innerHTML;
36    document.getElementById('show_html').textContent = html;
37  }
38  </script>
39  </body>
    ⋮
```

29行目の説明：onclickイベントを削除し、ID名を付ける

33行目の説明：イベントリスナーでクリック時に呼び出す関数を指定

212

フォームの操作－1

演習（1）

以下のようにJavaScriptを記述します。

```
1   <!DOCTYPE html>
2
3   <html lang="ja">
4
5   <head>
6   <meta charset="UTF-8">
7   <title>フォームの操作</title>
8   </head>
9
10  <body>
11  <h3>問題</h3>
12  <p>英語のことわざで「1日1個食べると医者いらず」と言われている果物は？</p>
13  <label>答え：<input id="ans_text" type="text" size="15"></label>
14  <label><input id="chk_eng" type="checkbox">英語で答える</label><br>
15  <br>
16  <button id="btn">確認</button>
17
18  <script>
19  document.getElementById('btn').addEventListener('click', anserCheck);
20  function anserCheck() {
21    let anser = document.getElementById('ans_text').value;          ①～②
22    let english = document.getElementById('chk_eng').checked;
23    if (english == true) {                                          ③
24      if (anser=='apple' || anser=='Apple' || anser=='APPLE') {
25        alert('正解！');
26      } else {                                                      ④
27        alert('間違い！');
28      }
29    } else {
30      if (anser=='りんご' || anser=='リンゴ' || anser=='林檎') {
31        alert('正解！');
32      } else {                                                      ④
33        alert('間違い！');
34      }
```

```
35      }
36    }
37    </script>
38    </body>
39
40    </html>
```

※ 23行目のif文は、if(english) と記述しても構いません。

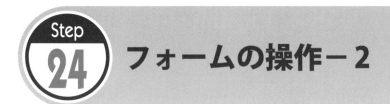

フォームの操作－2

演習（1）
以下のようにJavaScriptを記述します。

```
1     <!DOCTYPE html>
2
3     <html lang="ja">
4
5     <head>
6     <meta charset="UTF-8">
7     <title>フォームの操作</title>
8     </head>
9
10    <body>
11    <h1>タヒチの写真</h1>
12    <p>写真を選択してください。
13      <select id="choice">
14        <option value="big_pic01.jpg">ホテルの室内1</option>
15        <option value="big_pic02.jpg">海へ降りる階段</option>
16        <option value="big_pic03.jpg">朝食</option>
17        <option value="big_pic04.jpg">ホテルの室内2</option>
18        <option value="big_pic05.jpg">夕暮れの風景</option>
19        <option value="big_pic06.jpg">ビーチリゾート</option>
```

```
20      <option value="big_pic07.jpg">海岸と船</option>
21    </select>
22  </p>
23  <img id="photo" src="big_pic01.jpg">
24
25  <script>
26  document.getElementById('choice').addEventListener('change', changeImg);
27  function changeImg() {
28    let fileName = document.getElementById('choice').value;        ①
29    document.getElementById('photo').setAttribute('src', fileName);
30  }                                                                 ②
31  </script>
32  </body>
33
34  </html>
```

Step 25 日付、時刻の操作

演習（1）

以下のようにJavaScriptを記述します。

```
1   <!DOCTYPE html>
2
3   <html lang="ja">
4
5   <head>
6   <meta charset="UTF-8">
7   <title>日付、時刻の操作</title>
8   </head>
9
10  <body>
11  <h2>次の誕生日まで、あと何日？</h2>
12  <p>誕生日は
13    <select id="month"></select> 月
14    <select id="date"></select> 日です。</p>
```

```
15  <button id="btn">日数を計算</button>
16  <p id="result">ここに結果が表示されます。</p>
17
18  <script>
19  for (let i = 1; i <= 12; i++) {
20    let html = '<option value="' + (i-1) + '">' + i + '</optin>';
21    document.getElementById('month').insertAdjacentHTML('beforeend', html);
22  }
23  for (let i = 1; i <= 31; i++) {
24    let html = '<option value="' + i + '">' + i + '</optin>';
25    document.getElementById('date').insertAdjacentHTML('beforeend', html);
26  }
27  </script>
28  </body>
29
30  </html>
```

「○月」の項目を作成

「○日」の項目を作成

演習（2）

以下のようにJavaScriptを記述します。

```
        ⋮
18  <script>
19  for (let i = 1; i <= 12; i++) {
20    let html = '<option value="' + (i-1) + '">' + i + '</optin>';
21    document.getElementById('month').insertAdjacentHTML('beforeend', html);
22  }
23  for (let i = 1; i <= 31; i++) {
24    let html = '<option value="' + i + '">' + i + '</optin>';
25    document.getElementById('date').insertAdjacentHTML('beforeend', html);
26  }
27
28  document.getElementById('btn').addEventListener('click', showDays);
29  function showDays() {
30    let today = new Date();
31    let birthday = new Date();
32    let mm = document.getElementById('month').value;
33    let dd = document.getElementById('date').value;
34    birthday.setMonth(mm);
35    birthday.setDate(dd);
36    if (birthday <= today) {
37      yy = birthday.getFullYear();
38      birthday.setFullYear(yy + 1);
39    }
```

① （行30〜31）
② （行32〜33）
③〜④ （行34〜35）
⑤ （行37〜38）

```
40    let ms = birthday.getTime() - today.getTime();          ⑥
41    let days =  ms / (24 * 60 * 60 * 1000);
42    days = Math.ceil(days);                                  ⑦
43    let text = '次の誕生日まで、あと' + days + '日です。'
44    document.getElementById('result').textContent = text;
45  }
46  </script>
       ⋮
```

Math オブジェクト

Step 26

演習（1）

Webブラウザのコンソール画面を開き、以下の図のようにJavaScriptを入力します。

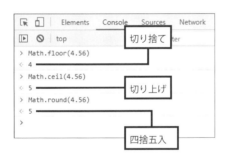

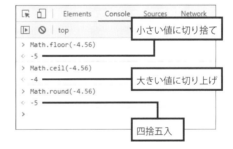

演習（2）

以下のようにJavaScriptを記述します。

```
1   <!DOCTYPE html>
2
3   <html lang="ja">
4
5   <head>
6   <meta charset="UTF-8">
7   <title>Mathオブジェクト</title>
8   </head>
```

```
 9
10    <body>
11    <h1>2つのサイコロ</h1>
12    <p>ボタンをクリックすると、2つのサイコロを振ることができます。</p>
13    <button id="btn">サイコロを振る</button>
14    <p>
15      <img id="diceA" src="dice1.png">
16      <img id="diceB" src="dice6.png">
17    </p>
18
19    <script>
20    document.getElementById('btn').addEventListener('click', rollDice);
21    function rollDice() {
22      let n = Math.random() * 6;
23      let m = Math.random() * 6;              ①
24      n = Math.floor(n) + 1;
25      m = Math.floor(m) + 1;                  ②
26      document.getElementById('diceA').setAttribute('src', 'dice' + n + '.png');
27      document.getElementById('diceB').setAttribute('src', 'dice' + m + '.png');
28    }                                                                              ③
29    </script>
30    </body>
31
32    </html>
```

Step 27 文字の操作

演習（1）

以下のように JavaScript を記述します。

```
1    <!DOCTYPE html>
2
3    <html lang="ja">
4
```

```
 5    <head>
 6    <meta charset="UTF-8">
 7    <title>文字の操作</title>
 8    </head>
 9
10    <body>
11    <h1>ファイル名と拡張子</h1>
12    <p>画像の上にマウスを移動すると、ファイル名と拡張子が表示されます。</p>
13    <div id="photos">
14      <img src="streetlamp.gif">
15      <img src="airplane.jpg">
16      <img src="sunset.png">
17    </div>
18    <p>ファイル名：<span id="name"></span><br>拡張子：<span id="exte"></span></p>
19
20    <script>
21    let img = document.querySelectorAll('#photos img');
22    for (let i = 0; i < img.length; i++) {
23      img[i].addEventListener('mouseover', function() {
24        mOver(this);
25      } );
26      img[i].addEventListener('mouseout', mOut);
27    }
28
29    function mOver(obj) {                                        ①
30      let fileName = obj.getAttribute('src');
31      let text = fileName.split('.');                                 ②
32      document.getElementById('name').textContent = text[0];
33      document.getElementById('exte').textContent = text[1];    ③
34    }
35    function mOut() {
36      document.getElementById('name').textContent = '';
37      document.getElementById('exte').textContent = '';
38    }
39    </script>
40    </body>
41
42    </html>
```

Step 28 オブジェクト変数

演習(1)

以下のようにJavaScriptを追加します。

```
       ⋮
12  <ul id="links">
13    <li><a href="https://www.google.com/">Google</a></li>
14    <li><a href="https://www.yahoo.co.jp/">Yahoo!</a></li>
15    <li><a href="https://www.bing.com/">Bing</a></li>
16  </ul>
17  <button id="toJR">JRのリンク集へ</button>
18  <button id="toSE">検索サイトのリンク集へ</button>          ボタンを追加
19
20  <script>
21  let jr = [];
22  jr[0] = {name:'JR北海道', url:'https://www.jrhokkaido.co.jp/'};
23  jr[1] = {name:'JR東日本', url:'https://www.jreast.co.jp/'};
24  jr[2] = {name:'JR東海',   url:'https://jr-central.co.jp/'};
25  jr[3] = {name:'JR西日本', url:'https://www.westjr.co.jp/'};
26  jr[4] = {name:'JR四国',    url:'https://www.jr-shikoku.co.jp/'};
27  jr[5] = {name:'JR九州',    url:'https://www.jrkyushu.co.jp/'};
28  jr[6] = {name:'JR貨物',    url:'https://www.jrfreight.co.jp/'};
29
30  let se = [];
31  se[0] = {name:'Google', url:'https://www.google.com/'};      検索サイト用の
32  se[1] = {name:'Yahoo!', url:'https://www.yahoo.co.jp/'};      配列を作成
33  se[2] = {name:'Bing',   url:'https://www.bing.com/'};
34
35  let ul = document.getElementById('links');
36
37  document.getElementById('toJR').addEventListener('click', showJR);
38  function showJR() {
39    ul.innerHTML = '';
40    for (let i = 0; i < jr.length; i++) {
41      let html = '<li><a href="' + jr[i].url + '">' + jr[i].name + '</a></li>';
42      ul.insertAdjacentHTML('beforeend', html);
43    }
44  }
```

```
45
46   document.getElementById('toSE').addEventListener('click', showSE);
47   function showSE() {
48     ul.innerHTML = '';
49     for (let i = 0; i < se.length; i++) {
50       let html = '<li><a href="' + se[i].url + '">' + se[i].name + '</a></li>';
51       ul.insertAdjacentHTML('beforeend', html);
52     }
53   }
54   </script>
55   </body>
        ⋮
```

イベントリスナー

同様の手順で関数 showSE() を作成

Step 29 一定間隔で処理を繰り返す

演習（1）

以下のように JavaScript を作成します。

```
        ⋮
18   <body>
19   <h1>リアルタイム時計</h1>
20   <p>現在の時刻は <span id="time"></span> です。</p>
21
22   <script>
23   setInterval(nowTime, 1000);
24   function nowTime() {
25     let now = new Date();
26     let hh = now.getHours();
27     let mm = now.getMinutes();
28     let ss = now.getSeconds();
29     if (hh < 10) {
30       hh = '0' + hh;
31     }
```

1秒間隔で関数 nowTime() を呼び出す

① ② ③

```
32    if (mm < 10) {
33        mm = '0' + mm;                              ④
34    }
35    if (ss < 10) {
36        ss = '0' + ss;                              ⑤
37    }
38    document.getElementById('time').textContent = hh + ':'  + mm + ':' + ss;   ⑥
39 }
40 </script>
41 </body>
      ⋮
```

jsファイルの分離とエラー対策

演習（1）

① ステップ29の演習（1）で作成したHTMLファイルを開き、<script> ～ </script> の中に
  ある記述をコピーします。

② テキストエディタで新しい画面を開き、手順①でコピーしたJavaScriptを貼り付けます。

③ 文字コードにUTF-8を指定し、time.jsという名前で保存します。

④ ステップ29の演習（1）で作成したHTMLファイルから <script> ～ </script> の記述を削
  除します。

⑤ </body> の前に script 要素を記述し、time.jsを読み込みます。

```
      ⋮
22 <script src="time.js"></script>
23 </body>
      ⋮
```

索引 index

【A〜G】

addEventListener() ⋯⋯⋯⋯⋯⋯⋯ 129
alert() ⋯⋯⋯⋯⋯⋯⋯⋯⋯⋯⋯⋯⋯⋯ 13
break ⋯⋯⋯⋯⋯⋯⋯⋯⋯⋯⋯⋯⋯⋯ 91
ceil() ⋯⋯⋯⋯⋯⋯⋯⋯⋯⋯ 151、154
checked ⋯⋯⋯⋯⋯⋯⋯⋯⋯ 137、140
clearInterval() ⋯⋯⋯⋯⋯⋯⋯⋯ 170
console.log() ⋯⋯⋯⋯⋯⋯⋯⋯⋯ 19
continue ⋯⋯⋯⋯⋯⋯⋯⋯⋯⋯⋯ 92
Dateオブジェクト ⋯⋯⋯⋯⋯⋯⋯ 147
document.getElementById() ⋯⋯⋯ 44
document.querySelectorAll() ⋯⋯ 50
else if ⋯⋯⋯⋯⋯⋯⋯⋯⋯⋯⋯⋯ 82
false ⋯⋯⋯⋯⋯⋯⋯ 78、99、137
floor() ⋯⋯⋯⋯⋯⋯⋯⋯⋯ 154、156
for ⋯⋯⋯⋯⋯⋯⋯⋯⋯⋯⋯⋯⋯⋯ 63
function ⋯⋯⋯⋯⋯⋯⋯⋯ 23、131
getAttribute() ⋯⋯⋯⋯⋯⋯⋯⋯ 125
getElementById() ⋯⋯⋯⋯⋯⋯⋯ 44

【H〜N】

if ⋯⋯⋯⋯⋯⋯⋯⋯⋯⋯⋯⋯⋯⋯⋯ 77
if 〜 else ⋯⋯⋯⋯⋯⋯⋯⋯⋯⋯⋯ 78
indexOf() ⋯⋯⋯⋯⋯⋯⋯⋯⋯⋯ 158
innerHTML ⋯⋯⋯⋯⋯⋯⋯⋯⋯⋯ 47
insertAdjacentHTML() ⋯⋯⋯⋯⋯ 57
isNaN() ⋯⋯⋯⋯⋯⋯⋯⋯⋯⋯⋯ 108
length ⋯⋯⋯⋯⋯ 37、67、145、158
let ⋯⋯⋯⋯⋯⋯⋯⋯⋯⋯⋯ 26、178
Mathオブジェクト ⋯⋯⋯⋯⋯⋯⋯ 153
new ⋯⋯⋯⋯⋯⋯⋯⋯⋯⋯⋯⋯⋯ 147

【O〜U】

onclick ⋯⋯⋯⋯⋯⋯⋯⋯⋯⋯⋯⋯ 13
onload ⋯⋯⋯⋯⋯⋯⋯⋯⋯⋯⋯⋯ 14
onmouseout ⋯⋯⋯⋯⋯⋯⋯⋯⋯ 14
onmouseover ⋯⋯⋯⋯⋯⋯⋯⋯⋯ 14
parseFloat() ⋯⋯⋯⋯⋯⋯⋯⋯⋯ 104

parseInt() ⋯⋯⋯⋯⋯⋯⋯⋯⋯⋯ 104
prompt() ⋯⋯⋯⋯⋯⋯⋯⋯⋯⋯⋯ 103
querySelectorAll() ⋯⋯⋯⋯⋯⋯⋯ 50
random() ⋯⋯⋯⋯⋯⋯⋯⋯⋯⋯⋯ 155
remove() ⋯⋯⋯⋯⋯⋯⋯⋯⋯⋯⋯ 60
replace() ⋯⋯⋯⋯⋯⋯⋯⋯ 159、161
return ⋯⋯⋯⋯⋯⋯⋯⋯⋯⋯⋯⋯ 97
selected ⋯⋯⋯⋯⋯⋯⋯⋯⋯⋯⋯ 145
selectedIndex ⋯⋯⋯⋯⋯⋯⋯⋯ 145
setAttribute() ⋯⋯⋯⋯⋯⋯⋯⋯ 123
setInterval() ⋯⋯⋯⋯⋯⋯⋯⋯⋯ 169
setTimeout() ⋯⋯⋯⋯⋯⋯⋯⋯⋯ 172
slice() ⋯⋯⋯⋯⋯⋯⋯⋯⋯⋯⋯ 158
style ⋯⋯⋯⋯⋯⋯⋯⋯⋯⋯⋯⋯ 116
switch ⋯⋯⋯⋯⋯⋯⋯⋯⋯⋯⋯⋯ 88
textContent ⋯⋯⋯⋯⋯⋯⋯⋯⋯ 46
this ⋯⋯⋯⋯⋯⋯⋯⋯⋯⋯⋯⋯⋯ 120
true ⋯⋯⋯⋯⋯⋯⋯⋯ 78、99、137

【V〜Z】

value ⋯⋯⋯⋯⋯⋯ 135、142、145
var ⋯⋯⋯⋯⋯⋯⋯⋯⋯⋯⋯ 86、178
while ⋯⋯⋯⋯⋯⋯⋯⋯⋯⋯⋯⋯ 93

【あ・か】

イベントハンドラ ⋯⋯⋯⋯⋯ 13、24
イベントリスナー ⋯⋯⋯⋯⋯⋯⋯ 129
インクリメント ⋯⋯⋯⋯⋯⋯⋯⋯ 32
エラー対策 ⋯⋯⋯⋯⋯⋯⋯⋯⋯⋯ 106
演算子 ⋯⋯⋯⋯⋯⋯⋯⋯⋯⋯⋯⋯ 31
オブジェクト ⋯⋯⋯⋯⋯⋯ 110、163
関数 ⋯⋯⋯⋯⋯⋯⋯⋯ 22、39、96
偽 ⋯⋯⋯⋯⋯⋯⋯⋯⋯⋯⋯⋯⋯⋯ 78
キャメルケース ⋯⋯⋯⋯⋯⋯⋯⋯ 116
切り上げ ⋯⋯⋯⋯⋯⋯⋯⋯ 151、154
切り捨て ⋯⋯⋯⋯⋯⋯⋯⋯ 154、156
繰り返し処理 ⋯⋯⋯⋯⋯ 63、70、91
グローバル変数 ⋯⋯⋯⋯⋯⋯⋯⋯ 30

コメント ⋯⋯⋯⋯⋯⋯⋯⋯⋯⋯⋯ 12
コンソール ⋯⋯⋯⋯⋯⋯⋯⋯ 17、180

【さ・た・な】

条件分岐 ⋯⋯⋯⋯⋯⋯⋯⋯⋯ 77、82
真 ⋯⋯⋯⋯⋯⋯⋯⋯⋯⋯⋯⋯⋯⋯ 78
スタイル ⋯⋯⋯⋯⋯⋯⋯⋯⋯⋯ 116
属性値 ⋯⋯⋯⋯⋯⋯⋯⋯⋯⋯⋯ 123
デクリメント ⋯⋯⋯⋯⋯⋯⋯⋯⋯ 33
ノード ⋯⋯⋯⋯⋯⋯⋯⋯⋯⋯⋯ 112

【は・ま】

配列 ⋯⋯⋯⋯⋯⋯⋯⋯⋯⋯ 35、165
配列の長さ ⋯⋯⋯⋯⋯⋯⋯⋯ 37、67
比較演算子 ⋯⋯⋯⋯⋯⋯⋯⋯⋯⋯ 64
引数 ⋯⋯⋯⋯⋯⋯⋯⋯⋯⋯ 39、131
フォーム ⋯⋯⋯⋯⋯⋯⋯⋯ 135、140
プロパティ ⋯⋯⋯⋯⋯⋯⋯ 113、163
プロンプト ⋯⋯⋯⋯⋯⋯⋯⋯⋯ 103
変数 ⋯⋯⋯⋯⋯⋯⋯⋯⋯⋯⋯⋯ 26
変数のスコープ ⋯⋯⋯⋯⋯ 85、178
無名関数 ⋯⋯⋯⋯⋯ 131、169、172
メソッド ⋯⋯⋯⋯⋯⋯⋯⋯⋯⋯ 112
文字の操作 ⋯⋯⋯⋯⋯⋯⋯⋯⋯ 158
戻り値 ⋯⋯⋯⋯⋯⋯⋯⋯⋯⋯⋯ 96

【や・ら・わ】

要素の削除 ⋯⋯⋯⋯⋯⋯⋯⋯⋯⋯ 60
要素の取得 ⋯⋯⋯⋯⋯⋯⋯⋯ 44、50
要素の追加 ⋯⋯⋯⋯⋯⋯⋯⋯⋯⋯ 57
予約語 ⋯⋯⋯⋯⋯⋯⋯⋯⋯⋯⋯⋯ 24
乱数 ⋯⋯⋯⋯⋯⋯⋯⋯⋯⋯⋯⋯ 155
連想配列 ⋯⋯⋯⋯⋯⋯⋯⋯⋯⋯ 163
ローカル変数 ⋯⋯⋯⋯⋯⋯⋯⋯⋯ 30
論理演算子 ⋯⋯⋯⋯⋯⋯⋯⋯⋯⋯ 86

ご質問がある場合は・・・

本書の内容についてご質問がある場合は、本書の書名ならびに掲載箇所のページ番号を明記の上、FAX・郵送・Eメールなどの書面にてお送りください（宛先は下記を参照）。電話でのご質問はお断りいたします。また、本書の内容を超えるご質問に関しては、回答を控えさせていただく場合があります。

執筆陣が講師を務めるセミナー、新刊書籍をご案内します。

詳細はこちらから

https://www.cutt.co.jp/seminar/book/

情報演習 ㊱

JavaScriptワークブック 第3版

2006年2月10日 　　初版 第1刷発行
2020年4月20日 　　第3版 第1刷発行
2022年9月20日 　　　　　第2刷発行

著　者　　相澤 裕介
発行人　　石塚 勝敏
発　行　　株式会社 カットシステム
　　　　　〒169-0073 東京都新宿区百人町4-9-7　新宿ユーエストビル8F
　　　　　TEL　（03）5348-3850　　FAX　（03）5348-3851
　　　　　URL　http://www.cutt.co.jp/
　　　　　振替　00130-6-17174
印　刷　　シナノ書籍印刷 株式会社

本書に関するご意見、ご質問は小社出版部宛まで文書か、sales@cutt.co.jp 宛に e-mail でお送りください。電話によるお問い合わせはご遠慮ください。また、本書の内容を超えるご質問にはお答えできませんので、あらかじめご了承ください。

Cover design *Y. Yamaguchi*　　　　　　　Copyright©2020　相澤 裕介
Printed in Japan　 ISBN 978-4-87783-841-6

30ステップで基礎から実践へ！ ステップバイステップ方式で確実な学習効果をねらえます

留学生向けのルビ付きテキスト（漢字にルビをふってあります）

情報演習 C ステップ 30 （Windows 10 版）
留学生のためのタイピング練習ワークブック
ISBN978-4-87783-800-3／定価 880円 税10%

情報演習 38 ステップ 30
留学生のための Word 2016 ワークブック
ISBN978-4-87783-795-2／定価 990円 税10% 本文カラー

情報演習 39 ステップ 30
留学生のための Excel 2016 ワークブック
ISBN978-4-87783-796-9／定価 990円 税10% 本文カラー

情報演習 42 ステップ 30
留学生のための PowerPoint 2016 ワークブック
ISBN978-4-87783-805-8／定価 990円 税10% 本文カラー

情報演習 49 ステップ 30
留学生のための Word 2019 ワークブック
ISBN978-4-87783-789-1／定価 990円 税10% 本文カラー

情報演習 50 ステップ 30
留学生のための Excel 2019 ワークブック
ISBN978-4-87783-790-7／定価 990円 税10% 本文カラー

情報演習 51 ステップ 30
留学生のための PowerPoint 2019 ワークブック
ISBN978-4-87783-791-4／定価 990円 税10% 本文カラー

情報演習 47 ステップ 30
留学生のための HTML5 & CSS3 ワークブック
ISBN978-4-87783-808-9／定価 990円 税10%

情報演習 48 ステップ 30
留学生のための JavaScript ワークブック
ISBN978-4-87783-807-2／定価 990円 税10%

情報演習 43 ステップ 30
留学生のための Python [基礎編] ワークブック
ISBN978-4-87783-806-5／定価 990円 税10%／A4判

留学生向けドリル形式のテキストシリーズ

情報演習 52　　Word 2019 対応
留学生のための Word ドリルブック
ISBN978-4-87783-792-1／定価 990円 税10% 本文カラー

情報演習 53　　Excel 2019 対応
留学生のための Excel ドリルブック
ISBN978-4-87783-793-8／定価 990円 税10% 本文カラー

情報演習 54　　PowerPoint 2019 対応
留学生のための PowerPoint ドリルブック
ISBN978-4-87783-794-5／定価 990円 税10% 本文カラー

ビジネス演習ワークブック

ビジネス演習 2
留学生のための 簿記初級 ワークブック
ISBN978-4-87783-702-0／定価 990円 税10%

タッチタイピングを身につける

情報演習 B ステップ 30
タイピング練習ワークブック Windows 10 版
ISBN978-4-87783-838-6／定価 880円 税10%

Office のバージョンに合わせて選べる

情報演習 26 ステップ 30
Word 2016 ワークブック 本文カラー
ISBN978-4-87783-832-4／定価 990円 税10%

情報演習 27 ステップ 30
Excel 2016 ワークブック 本文カラー
ISBN978-4-87783-833-1／定価 990円 税10%

情報演習 28 ステップ 30
PowerPoint 2016 ワークブック 本文カラー
ISBN978-4-87783-834-8／定価 990円 税10%

情報演習 55 ステップ 30
Word 2019 ワークブック 本文カラー
ISBN978-4-87783-842-3／定価 990円 税10%

情報演習 56 ステップ 30
Excel 2019 ワークブック 本文カラー
ISBN978-4-87783-843-0／定価 990円 税10%

情報演習 57 ステップ 30
PowerPoint 2019 ワークブック 本文カラー
ISBN978-4-87783-844-7／定価 990円 税10%

Photoshop を基礎から学習

情報演習 30 ステップ 30
Photoshop CS6 ワークブック 本文カラー
ISBN978-4-87783-831-7／定価 1,100円 税10%

ホームページ制作を基礎から学習

情報演習 35 ステップ 30
HTML5 & CSS3 ワークブック [第 2 版]
ISBN978-4-87783-840-9／定価 990円 税10%

情報演習 36 ステップ 30
JavaScript ワークブック [第 3 版]
ISBN978-4-87783-841-6／定価 990円 税10%

コンピュータ言語を基礎から学習

情報演習 31 ステップ 30
Excel VBA ワークブック
ISBN978-4-87783-835-5／定価 990円 税10%

情報演習 32 ステップ 30
C 言語ワークブック 基礎編
ISBN978-4-87783-836-2／定価 990円 税10%

情報演習 6 ステップ 30
C 言語ワークブック
ISBN978-4-87783-820-1／定価 880円 税10%

情報演習 7 ステップ 30
C++ ワークブック
ISBN978-4-87783-822-5／定価 880円 税10%

情報演習 33 ステップ 30
Python [基礎編] ワークブック
ISBN978-4-87783-837-9／定価 990円 税10%

この他のワークブック、内容見本などもございます。
詳細はホームページをご覧ください
https://www.cutt.co.jp/

カラーチャート（Color chart）

「RGBの16進数」で色を指定するときは、このカラーチャートを参考にR（赤）、G（緑）、B（青）の階調を指定すると、思いどおりの色をスムーズに指定できます。

#000000	#000033	#000066	#000099	#0000CC	#0000FF
#003300	#003333	#003366	#003399	#0033CC	#0033FF
#006600	#006633	#006666	#006699	#0066CC	#0066FF
#009900	#009933	#009966	#009999	#0099CC	#0099FF
#00CC00	#00CC33	#00CC66	#00CC99	#00CCCC	#00CCFF
#00FF00	#00FF33	#00FF66	#00FF99	#00FFCC	#00FFFF

#330000	#330033	#330066	#330099	#3300CC	#3300FF
#333300	#333333	#333366	#333399	#3333CC	#3333FF
#336600	#336633	#336666	#336699	#3366CC	#3366FF
#339900	#339933	#339966	#339999	#3399CC	#3399FF
#33CC00	#33CC33	#33CC66	#33CC99	#33CCCC	#33CCFF
#33FF00	#33FF33	#33FF66	#33FF99	#33FFCC	#33FFFF

#660000	#660033	#660066	#660099	#6600CC	#6600FF
#663300	#663333	#663366	#663399	#6633CC	#6633FF
#666600	#666633	#666666	#666699	#6666CC	#6666FF
#669900	#669933	#669966	#669999	#6699CC	#6699FF
#66CC00	#66CC33	#66CC66	#66CC99	#66CCCC	#66CCFF
#66FF00	#66FF33	#66FF66	#66FF99	#66FFCC	#66FFFF